HOLEŠOVICE (HOLLE-SCHOWITZ)/KARLÍN (KAROLINENTHAL)

Zwei Industrieviertel im Wandel. Das Zentrum für zeitgenössische Kunst (DOX) und die Markthalle als Hotspot. Straßen aus der Gründerzeit und eine Eventhalle zum Staunen.

ŽIŽKOV/VINOHRADY (ZISCHKA-/WEINBERG)

Vom Arbeiterquartier zum alternativen Kultur- und Kneipenviertel. Am Veitsberg (Vítkov) erhebt sich ein Mega-Mausoleum.

NEUSTADT (NOVÉ MĚSTO)

Der Wenzelsplatz als Flaniermeile, das Nationalmuseum ist Pflicht. Das Tanzende Haus markiert das Revier der Feierwütigen.

KARTEN UND PLÄNE

MERIAN
Reiseführer

Prag

Thomas Veszelits

DOBRÝ DEN, PRAG!

DIE THEMEN DER STADT

Das unbekannte Prag: »Little Hanoi« erkunden 16 | Wer Gewalt
sät, erntet Krieg 22 | Mozart: mehr Erfolg in Prag als in Wien 36 |
Jazz – eine Herzensangelegenheit für Prag 46 | Wie die Karlsbrücke
zur Brücke Gottes wurde 64 | Karl IV., der größte Tscheche aller
Zeiten 68 | Im Agneskloster erinnerte sich Papst Johannes Paul II.
an seine Jugendliebe 78 | Golem – das Mysterium der Angst 82 |
In Prag gibt es mehr Thorarollen als in Jerusalem 88 | Wie tickt der
Prager, welchen Humor hat er? 102 | Wie eine Klostermauer zu
Lennons Denkmal wurde 130 | Iveta Fabešová, Zuckerkönigin der
Naschkatzen 134 | Grüße aus dem Atombunker 144 | Brautkleider
wie im Märchen aus 1001 Nacht 166 | Kafkomania ohne Ende 174

SPAZIERGÄNGE UND AUSFLÜGE

Zwischen Legenden und Mythen – von verschollenen Welten zur
Gegenwart 200 | Burg Karlstein – die berühmteste Burg Tschechiens,
Schatzkammer von Karl IV. 204

MEIN PRAG

*Allein die Bezeichnung für Prag als die »Goldene Stadt«
zündet schon die Fantasie. Die Wirklichkeit lädt zu einer
Zeitreise ein. Altertümliche Gassen verzaubern durch Romantik. Mit neuen Akzenten entsteht ein Mix aus Geschichte, Nostalgie und Gegenwart von faszinierender Kraft.*

»Die Stadt ist wie ein liegender Märchenriese. Auf einem Kis-
sen ruht sein Kopf, das ist die Burg Hradschin. Auf der Karlsbrücke pulsiert die Halsschlagader. Die Herzkammer befindet
sich am Altstädter Ring«, beschrieb mir Prags Anatomie ein
Künstler. Dann erwähnte er stolz, Prag sei seit 2018 die erste
europäische Hauptstadt, in der eine Piratenpartei den Oberbürgermeister stellt, als Primator tituliert.

Nicht alles, was einen in der »Hundertürmigen« erwartet,
ist also nur Mittelalter zum Anfassen. Die »Mutter aller Städte«
(noch so ein Attribut) frischt sich auf mit neuen Ideen. Gotik
und Barock in Ehren, der prächtige Jugendstil schillert, aber
als Kontrast hält modernes Design überall Einzug. Mozart,
Beethoven, Kafka, Rilke, schön und gut, aber was heute ge-
schieht, ist mindestens so aufregend wie damals. Die jungen
Prager wollen nicht in einem steinernen Freiluftmuseum leben. Die von der UNESCO denkmalgeschützte Altstadt gilt als
ein »Touristenreservat«. Schleich-
wege, um auszuweichen, genannt
»Mäuselöcher«, kennt jeder Prager
zur Genüge. Den zentralen Wenzelsplatz umgeht er. In den beiden Quer-
straßen, Jindrišská und Vodičkova,
(Heinrichs- und Wasserstraße), links
und rechts wie die ausgestreckten
Arme einer Verkehrszeichenfigur

Die Karlsbrücke ist für den
Prager nicht dazu da, um
von einem Ufer zum ande-
ren zu gelangen. Sie
ist eine Meile der Philo-
sophen, Dichter und nächt-
lichen Träumer.

verlaufend, fühlen sich die Einheimischen wie zu Hause. Hier
liegen ihre Reviere mit neuen Restaurants, Cafés, individuellen
Läden, Straßen mit Charme und eigenem Lokalkolorit.

Diese urbane Umstrukturierung begünstigte der Umstand, dass sich während des Sozialismus die Innenstadt weitgehend entleerte. Kaum jemand wohnte noch in den historischen Häusern. Ganze Straßenzüge verfielen. Dass es gelang, sie wie Phoenix aus der Asche auferstehen zu lassen, ist das Wunder von Prag. Die neuen Konzepte umgesetzt, wurde die Innenstadt zur anregenden Erlebniszone.

Und so empfehlen die Prager ihren Freunden, die Stadt zu erkunden: Man sollte erst hinauf zur Burg (Pražský hrad) gehen, wenn die Touristenströme langsam versiegen. Die Frühaufsteher (besonders am Sonntag) haben die Chance, die Karlsbrücke (fast) für sich alleine zu haben, und das lohnt sich. Wenn abends das Lichtermeer romantisch über Prag schwappt, schlägt die Stunde, um sich an den Moldauufern herumzutreiben. Von Architekten und Künstlern neu entdeckt und aktiviert, startet man am Tanzenden Haus (Ginger und Fred). Bis zum Eisenbahn-Viadukt herrscht ausgelassene Partystimmung auf den Themenschiffen. Die Prager feiern hier ihre Heimspiele. Am Horizont leuchtet der Hradschin wie von einem anderen Stern. In dem Moment sind sich alle einig: »Prag ist die schönste Stadt der Welt.«

Thomas Veszelits studierte am Prager Konservatorium. Emigriert nach dem »Prager Frühling '68«, wurde er Journalist. Die Wende brachte ihn als Chefredakteur zu einer Prager Tageszeitung zurück. Über die »Goldene Stadt« hat er mehrere Bücher geschrieben, so wurde er von »Czech Tourism« als bester ausländischer Pragkenner ausgezeichnet. In München lebt er in der Kafkastraße.

Die Moldau mit der Karlsbrücke aus einer anderen Perspektive: ohne Hradschin, dafür mit dem »Mini-Eiffelturm« auf dem Hügel Petřín.

DER ERSTE BLICK AUF PRAG

★ MERIAN TOP 10

Das sind sie – die Sehenswürdigkeiten, für die Prag weit über die Grenzen der Stadt hinaus bekannt ist.

★1 Karlsbrücke
Prags weltbekanntes Wahrzeichen. Die Heiligenstatuen aus der Barockzeit im Spalier mahnen Ketzer vor dem ewigen Fegefeuer. Großartiger Panoramablick. → S. 61

★2 Altstädter Ring
Die Herzkammer Prags. Gotik, Barock und Rokoko harmonieren als malerische Kulisse. Die Astronomische Uhr am Rathaus ist ein weltweites Unikat. → S. 62

★3 Josefstadt
Die Josefstadt (Josefov) enthält das ehemalige Getto mit Europas ältester Synagoge und fünf weiteren jüdischen Gotteshäusern. Der Alte Jüdische Friedhof aus dem 15. Jahrhundert ist ein Ort der Legenden. → S. 81

★4 Hradschin
Eine Stadt in der Stadt. Königspalast, Kirchen, Paläste, Gärten und der Sitz des Präsidenten. Ein Komplex, der im Laufe von 800 Jahren entstanden ist. → S. 99

★5 St.-Veits-Dom
Ein Meisterwerk der Gotik. Religion, Kunst und Museum unter einem Dach. Krypta für Könige und Kaiser, auch für Landesvater Karl IV. und seine Gattinnen. → S. 100

★6 Strahov-Kloster
Das Barockensemble mit Kirche, Bibliothek und Gemäldegalerie bildet einen Kulturhügel des Wissens, der Religion sowie der Kunst. Aus dem Obstgarten öffnet sich ein fabelhafter Blick auf Prag. → S. 113

Mythos, Kult und Magie zugleich: Die Karlsbrücke ist die Brücke Gottes und die »Golden Gate Bridge« Prags.

7 Kleinseitner Gärten

Bewegende Gartenarchitektur der Adelsresidenzen, angelegt auf einzigartigen Terrassen. Wallensteins (Valdštejn) Garten gleicht einem Kunstparadies. → S. 124

8 Nationalmuseum I

Die Inspiration für das Gebäude war der Louvre in Paris. Die Innenausstattung übertrifft alles, was man sich unter Neorenaissance und Jugendstil vorstellt. → S. 143

9 Wyschehrad (Vyšehrad)

Die Festung der Praggründerin Fürstin Libuše (Libussa). Von der Zitadelle öffnet sich ein Breitwandpanorama mit Moldaubrücken bis zum Hradschin. → S. 147

10 Vítkov-Nationaldenkmal

Der Hausberg des hl. Veit gipfelt in einer »Pyramide im Quadrat«. Der Hussitenführer Jan Žižka hält Wache als höchste Reiterstatue der Welt. → S. 176

MERIAN EMPFEHLUNGEN

Ungewöhnliche Perspektiven, charmante Orte und feine Details versprechen besondere Augenblicke.

1 Palais Colloredo-Mansfeld
Gedränge in der Karlsgasse unten, oben im Colloredo-Mansfeld-Palais himmlische Ruhe. Fensterblick auf Papststatuen der Salvatorkirche wie im Vatikan. → S. 73

2 »Bermuda-Dreieck«
Scherzname für das Karree zwischen den Straßen Haštalská, Kozí und Dlouhá. Ein Szeneviertel mit Designerläden, Top-Gastronomie, Galerien und individueller Mode. Kafkas Ego-Statue steht um die Ecke. → S. 80

3 Kafka-Denkmal
Aus Edelstahl in Scheiben zusammengelegt, dreht sich Kafkas Großkopf um die eigene Achse. Als weltgrößte Büste hat es einen Eintrag im Guinness-Buch der Rekorde. → S. 85

4 Hemingway Bar
»Papa Hem« war nie in Prag, aber seine Hemingway Bar ist die stilvollste der Stadt. Aleš hinter dem Tresen wurde mehrfach zum Barkeeper des Jahres gekürt. → S. 95

5 Aussichtsturm Petřín
Der Aussichtsturm ist Prags höchste Erhebung mit Fernblick über alle Hügel. Zwölf sind's! → S. 120

6 Petříner Parks und Stollen
Im Bauch des Hügels Petřín. Mehr als 360 Meter lange Labyrinthe, 18 Stollen, 300 Gräber, Knochen der Karmelitermönche, steinzeitliche Fossilien. Oben Parks mit Kirschbäumen. → S. 120

7 **Kampa**

Kampa, eine künstliche Insel seit 1169, ist grün und romantisch. Das »Klein-Venedig« (etwas hochtrabend bezeichnet) mit Teufelsbach (Čertovka): malerische Brücken, Klöster, Dorfgassen, Museum, Künstlervilla, Spalier der gelben Pinguine, Cafépavillon mit leckeren Eclairs. → S. 129

8 **Museum des Kommunismus**

Als ein Traum ersonnen, in die Tat umgesetzt ein Alptraum. Rückblick auf die Jahre von 1945 bis 1989. Es wird gezeigt, wie das sozialistische Kollektivleben wirklich war. → S. 155

9 **S & I**

Im Einrichtungsstudio Styl & Interier (S & I) gehen Designideen auch delikat durch den Magen. Café im Wohn-Mix aus Vintage, Retro-Schick und Ultramodern. → S. 160

10 **Atelier Blanka Matragi**

Das Atelier Blanka Matragi kleidet die Reichen des Orients ein. Es gibt Modenschauen im kleinen Kreis, kommentiert von der Designerin persönlich. → S. 164

11 **Fernsehturm**

Als »Rakete« verspottet, von Pragern trotzdem geliebt. In der Nacht besonders reizvoll: oben wie ein Vogel über einem Lichtermeer schweben. → S. 172

12 **DOX Zentrum für zeitgenössische Kunst**

Zentrum der Avantgarde in einer ehemaligen Fabrik, schneeweiß wie eine Wolke. Gullivers hölzernes Luftschiff ist auf dem Dach gelandet. → S. 183

13 **Schloss Troja**

Geplant war das Schloss im 17. Jahrhundert als Versailles von Prag. Was fertig wurde, ist ein mythischer Treff antiker Götter. Park, Irrgarten sowie eine ziemliche Irrfahrt, um erst einmal hinzufinden. → S. 185

PRAG KOMPAKT

Hafenstadt Prag
Belebt wie der »Canal Grande« in Venedig zeigt sich die Moldau. Ausflugsschiffe, Salondampfer, Cruise-Schiffe mit Sightseeing-Decks, auch eine historische Flottille aus der Belle Époque schippert umher. Auf dem »Jazz-Boat« swingt es. Boot und Hotel in einem nennt sich »Botel«. Darin kann man direkt an der Moldau übernachten. Der ausrangierte Frachter »Hermes« dient als ein Heimschiff für Obdachlose. Und nicht mal ein Schiff Gottes fehlt: Als schwimmende Kirche dümpelt es im Hafen Libeň.

Einwohner: 1,3 Mio.
Metropolregion: 2,6 Mio.
Nationalitäten: 85 % Tschechen, 15 % Ausländer, darunter 55 000 Ukrainer, 50 000 Slowaken, 35 000 Vietnamesen, 20 000 Russen, 18 000 Sinti und Roma
Fremdsprachen: Englisch gefolgt von Deutsch
Fläche: Stadt Prag: 496 km², Metropolregion: 4983 km²
Religion: 83 % Konfessionslose, 11 % Katholiken, 3,5 % Protestanten, 1,2 % Hussiten, 0,5 % Juden, 0,8 % Splitterreligionen
Verwaltung: 22 Bezirke mit 57 Stadtteilen
Währung: Tschechische Krone (Kč). Die Maastricht-Kriterien für den Euro sind seit 2016 erfüllt. Der Euro wurde aber als Währung nicht eingeführt, da ihn drei von vier Tschechen ablehnen. Da lässt auch der Finanzminister lieber die Finger davon.

Geografie
Rom erstreckt sich über acht Hügel, Prag hat vier mehr, insgesamt zwölf. Mit 327 m ist der Hügel Petřín die höchste Erhebung der Stadt auf der linken Moldauseite. Auf der rechten Seite dominiert der Veitsberg (Vítkov) mit 271 m. Auch zum Burghügel Hradschin gibt es einen Gegenpol: Wyschehrad, die Festung, von welcher aus die orakelhafte Landesfürstin Libussa Prag eine großartige Zukunft prophezeite: »Der Ruhm wird die Sterne berühren.« Die Moldau (Vltava) fließt durch Prag in einer

S-Kurve mit einer Länge von 30 km. Rund 330 m an der breitesten und knapp 11 m an der tiefsten Stelle spannen sich 14 Brücken über das »böhmische Meer«. Von neun Inseln ist nur die etwa 2,5 ha große Insel Kampa bewohnt. Und wie steht es um Prag als die sprichwörtliche »Stadt der 100 Türme«? Hinauf kann man nur auf sieben.

Bauwerke im Vergleich

– Der Prager »Mini-Eiffelturm«, Baujahr 1891, 63,5 m und der Pariser Eiffelturm, Baujahr 1889, 324 m. Trotzdem steht man an der Spitze des Prager Aussichtsturms dem Himmel näher als in Paris, was an dem Standort liegt:

Die Grundhöhe beträgt in Prag 327 m, in Paris 33 m. Der Turm in Prag kommt so insgesamt auf eine Höhe von 390,5 m, der in Paris auf 357 m. Prag ist also der »wolkige« Höhensieger.
– Die St.-Nikolaus-Kirche in Prag, Kleinseite (Kopie des Petersdoms), Baujahr 1703 bis 1752, 70 m und der Petersdom im Vatikan, Baujahr 1506–1626, 133 m.
– Triga in Prag (Dreigespann am Dach des Nationaltheaters) und Quadriga in Berlin (Viergespann am Brandenburger Tor). In Prag kutschiert die griechische Siegesgöttin Nike den Streitwagen, in Berlin die römische Siegesgöttin Victoria.

Klima (Mittelwerte)

	Januar	Februar	März	April	Mai	Juni	Juli	August	September	Oktober	November	Dezember
Tages-temperatur	1	3	8	14	20	23	24	24	20	13	7	3
Nacht-temperatur	-4	-3	0	4	9	12	14	13	10	5	2	-2
Sonnen-stunden	1	2	3	6	6	8	7	7	6	4	2	1
Regentage pro Monat	6	6	6	7	9	9	10	9	6	7	5	6

Moldaubrücken (Datum der Eröffnung, Länge)
Jirásek-Brücke: 1931, 311 m
Legien-Brücke: 1901, 343 m
Karlsbrücke: 1402, 515 m
Mánes-Brücke: 1914, 186 m
Čech-Brücke (die einzige Jugendstilbrücke in ganz Tschechien): 1908, 169 m
Negrelli-Viadukt (Eisenbahnbrücke): 1849, 1110 m

Lage
Prag, Hauptstadt der Tschechischen Republik, definiert sich als »Herz Europas«, was auch der Lage entspricht. Für Prager ist es die »westlichste Metropole des Ostens«. Die Tschechen entstammen einer eingewanderten slawischen Ethnie aus dem ukrainischen Dnepr-Becken. Der geografische Breitengrad von Prag (50° 5' N) liegt fast gleichauf mit Kiew (50° 27' N). Die Ukrainer bilden in Prag auch die größte Ausländergruppe mit 55 000 Einwohnern.

Regierung
Präsident, Ministerpräsident, Parlament, Senat. Die Macht sitzt in Prag in historischen Gebäuden: Im Palais Thun, einst von Mozart konzertant beehrt, streitet das Parlament.

Im Palais Waldstein (Wallenstein) trifft sich der Senat. Der Präsident amtiert am Hradschin, im ersten Burghof, und hat einen Fensterblick über das ganze Pragpanorama. Privat wohnt er mit seiner Frau und seinem Hund in einer Villa hinter der Reithalle der Burg. Der Hund ist zu beneiden. Er hat Auslauf in den Hirschgraben, direkt vor der Haustür.

Religion
Aus den Hussiten wurden Katholiken. Doch die Tschechen sind das ungläubigste Volk der Welt. Gut 80 % gehören keiner Religion an. An Gott glauben nicht einmal 30 %, aber fast jeder Tscheche hält den hl. Wenzel als Landesschutzpatron in Ehren. Die von den Nazis fast vollständig ausgelöschten jüdischen Gemeinden melden langsam wieder Zulauf, beziffern sich aber nur auf annähernd 5000 Mitglieder, davon in Prag etwa 3000 Juden, ungefähr die Hälfte sind Orthodoxe.

Sprache
Tschechisch gilt als Zungenbrecher, da die Sprache wenige Vokale enthält. Nur ein

echter Tscheche kann den folgenden Kinderreim aussprechen: »Strč (strtsch) prst skrz krk« – in etwa: »Stecke den Finger durch den Hals«. Die weiblichen Nachnamen bekommen die Silbe »ová« angehängt, was für deutsche Ohren sehr komisch klingt: Angela Merkelová, Ursula von der Leyenová, Angelina Jolieová, Sophia Lorenová. Lediglich Popstar Madonna wurde von »ová« verschont. Madonna bleibt Madonna.

Weltkulturerbe

Seit 1992 ergibt der historische Stadtkern Prags mit 866 ha den größten urbanen Raum als UNESCO-Weltkulturerbe. Es umfasst folgende Stadtteile: Pražský hrad (Burg Hradschin), Hradčany (Burgvorstadt), Malá Strana (Kleinseite), Staré Město (Altstadt), Josefov (Josefstadt). Außerdem kommen Objekte in Vyšehrad (Wyschehrad), in Nové Město (Neustadt) und als jüngster Zuwachs der Park Průhonice (Pruhonitz) hinzu. Die neuen Wolkenkratzer am Hügel Pankrác gefährden das historische Panorama. Wenn das neue »Manhattan« Prags weiter so wächst, drohen

Konsequenzen: Prag von der UNESCO-Liste gestrichen? Unvorstellbar, meinen die Prager und bauen weiter.

Wirtschaft

Vor 100 Jahren mit Elektro- und Papierindustrie, Fabriken für Loks, Waggons und Trambahnen. Maschinen sowie die Automobilmarke Praga waren ein Exportweltmeister. Sogar noch im Sozialismus ein »Motor des Ostblocks«, erfolgte nach der Wende ein radikaler Strukturwandel. Heute trägt Prag nur noch mit 7,6 % zum industriellen Bruttosozialprodukt des Landes bei. Der Tourismus sichert etwa 65 % der Arbeitsplätze. Der Rest fällt auf Transport, Logistik, Finanzen, IT-Unternehmen und Hightech ab. Regierung, Ministerien, Stadtverwaltung und Universitäten beschäftigen 120 000 Menschen. Prag meldet fast Vollbeschäftigung.

URLAUBSKASSE	
1 Tasse Kaffee	2,00 €
1 Glas Bier	1,60 €
1 Glas Cola	1,50 €
1 Taxifahrt (pro km)	1,17–1,40 €
1 Liter Benzin	1,40 €
Mietwagen/Tag	ab 40,00 €

Der Duft von Thymian und Meerrettich

New York hat »Little Italy«, San Francisco »Chinatown«. In Prag wohnen offiziell 35 000 Vietnamesen, schätzungsweise sogar mehr, etwa 50 000. Zahlenmäßig bilden sie die drittgrößte nationale Minderheit, nach Slowaken und Ukrainern. Seit 1999 haben die Prager Vietnamesen an der Peripherie ihr **Little Hanoi** oder, wie manche sagen, das **Little Saigon**, das buchstäblich aus der Asche auferstanden ist. Ein Fleischkombinat sowie eine Hühnergroßfarm mit Schlachterei, die zuvor stillgelegt worden war, brannten bis auf die Grundmauern ab. Man munkelte über kriminelle Brandstiftung. Bevor der Fall aufgeklärt wurde, waren schon Privatinvestoren zugange. Vorerst entstand hier eine Markthalle, die ursprünglich von Vietnamesen für Vietnamesen gedacht war. Der Name **SAPA** leitet sich von einem legendären Städtchen ab, das malerisch in den Bergen Nordvietnams liegt.

Heute sind auf dem SAPA-Gelände über **7000 Vietnamesen** beschäftigt, mehr als 9000 leben in dem angrenzenden Viertel Libuš. Unternehmerisch sind auch Chinesen, Polen, Türken, Inder sowie Tschechen hier tätig. Von Frischemärkten angefangen, in denen auch Prags Starköche einkaufen, reihen sich in dem fernöstlich wirkenden Gassengeflecht 20 Restaurants, unzählige Geschäfte für Textil, Elektrogeräte bis zu Discountern und Garküchen auf. Ein Hotel, zwei Karaoke-Bars, ein buddhistischer Tempel, sogar Verkehrszeichen mit vietnamesischen Plaketten gibt es. Thymian- und Meerrettichdüfte von »Pho Bo«, der traditionellen Suppe, ziehen umher. Die Szene erweitert sich Tag für Tag, laut, geschäftig, exotisch.

Zum SAPA-Markt fahren und ausprobieren: Die vietnamesische Pho-Suppe ist gehaltvoll und gesund.

GESCHICHTE

Mittelalterliche Architektur, Glanzzeit der Könige und Kaiser, kommunistische Vergangenheit: Dies alles ist noch im Stadtbild bewahrt, auch die Ereignisse, durch die Prag über Europas Schicksal entschied.

929

Wo alles begann: Am Hradschin in einem Reliquienschrein wird ein Finger des heiligen Veit (Vít) aufbewahrt. Er ist ein Märtyrer, der in einem siedenden Ölkessel zu Tode gequält wurde. In seiner Rotunde liegen später die sterblichen Überreste des heiligen Wenzel und des heiligen Adalbert. Der Hradschin wurde für Könige und Kaiser Krönungsort und Begräbnisstätte.

973

Die Wenzelslegende entsteht: Um Herzog Wenzel in einer Schlacht beizustehen, sollen zwei Engel an seiner Stelle aufgetaucht sein. Von der Erscheinung überwältigt, ergab sich der Gegner sofort. Seitdem gilt **Wenzel** als höchster Landesheiliger.

992

Was die Legende erzählt: Von ihrer Festung am Wyschehrad (Oberburg) schickte Fürstin Libussa (Libuše), die mythische Stammmutter der Nation, den Pflüger Přemysl, um die Stadtgrenzen Prags zu markieren. Auf diesen Bauer geht die erste Herrscherdynastie der Tschechen zurück. Wenn sonntags die Touristen den Hradschin überfluten, gehen die Prager in Ruhe am Wyschehrad spazieren. Die Rotunde des heiligen Martin (1061) am Haupttor ist das älteste erhaltene Bauwerk der Stadt.

1344

Der Aufschwung kommt: Auf der »Akropolis« von Prag, eine Bezeichnung für den Hradschin, legt Karl IV. den Grundstein für den **Veitsdom**. Im Jahr 1355 beschafft er aus Frankreich

»Teuflische« Wasserspeier befinden sich an der Nordseite des St.-Veits-Doms.

eine makabre Reliquie: den mumifizierten Kopf des heiligen Veit. Neben dem Königspalast baut der Adel seine Residenzen, um den Herrschern nahe zu sein. Salm, Schwarzenberg, Lobkowicz, Czernin. Auch der Erzbischof von Prag zieht nach Hradschin.

1598

Glanz und Gloria: **Kaiser Rudolf II.** erhebt Hradschin zur eigenständigen Stadt. Seine Kunstbegeisterung und Wissensneugier ziehen Kunstschaffende, Astrologen, Alchemisten, Abenteurer in Scharen aus ganz Europa an. Prag verdient sich das Prädikat »Goldene Stadt«.

1743

Unter Habsburger Fuchtel: Bei dem Angriff der französischen und bayerischen Truppen wird Prag von Maria Theresia siegreich verteidigt. Im Veitsdom als böhmische Königin gekrönt, wird auf ihr Geheiß hin der Hradschin radikal umgebaut, nach dem Vorbild der Wiener Hofburg.

1800

Für Tourismus entdeckt: Admiral Lord Nelson und Lady Jane tragen sich ins Gästebuch von Kloster Strahov ein. In englischen Reiseberichten wird Prag als »Hauptstadt der Mythen, Geister und schwarzen Magie« verklärt. Dieses Image haftet Prag bis heute an.

»Náplavka« (Anlegestelle): Themenschiffe, Party und das Tanzende Haus.

1870

Wie die Reise läuft: Die erste Postkarte, die aus Prag verschickt wurde, hat als Motiv die Karlsbrücke mit dem Hradschin im Hintergrund. Ein Foto in Schwarz-Weiß, bunt nachkoloriert.

1900

Bester Platz für Investoren: Mit vorwiegend englischem Investment wird aus Prag eine **Industriemetropole**. Papierherstellung, Maschinenbau, Elektroindustrie, Fabriken für Loks, Waggons, Trambahnen und die Automobilmarke Praga schaffen Wohlstand. Neue Stadtviertel für Arbeiter entstehen (Karlín, Žižkov). Die unternehmerisch reich gewordenen Juden ziehen nach Smíchov. Durch den Abriss des heruntergekommenen Gettos wird Grund für prachtvolle Jugendstilhäuser frei, in deren Mitte der Pariser Boulevard Pařížská entsteht, bis heute die Luxusmeile der Stadt.

1939

Schneeregen am 15. März: Wehrmacht und die SS-Wachstandarte »Germania« marschieren in Prag ein. Am Hradschin betrachtet Hitler aus dem geöffneten Fenster das Panorama. Die Burg findet er gruselig und unheimlich. Deshalb ändert er seinen Plan und übernachtet dort nicht.

1974

Ein alter Traum wird wahr: Schon 1898 legte der Prager Eisen-
warenhändler Ladislav Rott einen Plan für die Metro vor. Der
Bau wurde erst 70 Jahre später nach sowjetischem Modell ver-
wirklicht. An den weitsichtigen Herrn Rott erinnert ein reich
verziertes Haus am Kleinen Ring. Bis 1995 war es Handwerks-
und Haushaltshandlung, danach Hard Rock Cafe.

1990

Wandlung nach der Wende: Der Schriftsteller Václav Havel wird
demokratisch einstimmig zum Präsidenten gewählt, die **Priva-
tisierung** beginnt. Metrostationen, Straßen und Plätze werden
umbenannt. Die sozialistische Topografie ist somit ausradiert.

1996

Das jüngste Wahrzeichen Prags: Das Tanzende Haus wurde
vom kalifornischen Stararchitekten Frank O. Gehry entworfen
und steht direkt am rechten Moldauufer. Die Silhouette des
schiefen Doppelgebäudes erinnert an ein tanzendes Paar, deshalb der Spitzname »Ginger und Fred«. Nebenan wohnte Václav Havel in seiner Privatwohnung.

2015

Das teuerste Projekt aller Zeiten: Nach achtjähriger Bauzeit
rollt der Verkehr durch »Blanka«. Das ist mit sechs Kilometern
der längste innerstädtische Tunnel Europas. Die Kostenexplo-
sion um mehr als das Doppelte bedroht Prags Finanzhaushalt.
Drei Bürgermeister in Folge treten zurück.

2020

Für Prager eingerichtet: Am Rašínovo nábřeží, einem Moldaukai (tschechisch: Náplavka), ankern Themenschiffe. An Bord
und Deck gibt es Galerien, Bauernmärkte, Cafés und Bier-
schwemmen. Kurios ist der Fahrradservice »Bajkazyl«. Zu vor-
gerückter Stunde schwärmen hier die Prager, von Bier und
Hradschinpanorama in der Ferne berauscht: »Wir haben die
schönste Stadt der Welt.«

Hradschin: »Kämpfende Giganten« empfangen die Besucher am ersten Burghof.

WAS WÄRE, WENN ES DIE PRAGER FENSTERSTÜRZE NICHT
GEGEBEN HÄTTE?

Wer Gewalt sät, erntet Krieg

Die **Prager Fensterstürze** sind ein Mythos. Bisher wurden sie
in der tschechischen Nationalgeschichte als Heldentaten ver-
herrlicht. Ist das so auch richtig? Der Tatort: Hradschin, Paradiesgarten. Wenn man nach oben blickt, sieht man das zweite
Fenster im alten Königspalast, auch Ludwigsflügel genannt.
Seitlich, rechts oberhalb des grünen Bewuchses, spiegeln sich
die dicken, rundlichen Butzenscheiben. Dahinter saßen die
kaiserlichen katholischen Statthalter, als am 23. Mai 1618 ihre
Amtsstube gestürmt wurde. Die Vertreter der protestantischen
Stände, über den Abriss einer evangelischen Kirche aufge-
bracht, waren völlig außer sich. Hatte ihnen Kaiser Rudolf II.
nicht per Dekret die **Religionsfreiheit** zugestanden? Jawohl,
das hatte er! Also raus mit den Hallunken. Die Fenster aufge-
rissen, flogen die drei Statthalter als Sündenböcke hinaus.
Lynchjustiz nach Strich und Faden. Die Fallhöhe betrug etwa

20 Meter, doch unten lag ein riesiger Misthaufen. Die drei »Defenestrierten«, nach dem italienischen Wort für Fenster (*fenestra*), landeten deshalb sanft. Fabricius, Martinitz, Slawata: Diese Namen mussten sich Generationen von Schülern obligatorisch merken. Der Bürgerkrieg entflammt aus diesem Konflikt in Prag und hatte sich verheerend zum **Dreißigjährigen Krieg** (1618–1648) über halb Europa ausgeweitet. Katholiken gegen Protestanten.

Für den tschechischen Autor Bohumil Studýnek ist diese Katastrophe die konsequente Folge des **Ersten Prager Fenstersturzes**. Am 30. Juli 1419 stürmten die Hussiten das Neustädter Rathaus am nördlichen Ende des Karlsplatzes. Es war die Rache für den Religionsreformer **Jan Hus**, der 1415 beim päpstlichen Konzil in Konstanz wegen Ketzerei auf dem Scheiterhaufen verbrannt wurde. Zwölf »defenestrierte« Stadträte fanden einen grausamen Tod, aufgespießt auf den Lanzen der Rebellen im Hof. Der Dreizehnte wurde im Sitzungssaal erdolcht. Der anschließende 17 Jahre währende **Hussitenkrieg** ruinierte das ganze Land. Die katholischen Habsburger wurden zum Sieger, ermächtigten sich der böhmischen Krone und führten die *reconquista* mit eiserner Hand durch.

Autor Bohumil Studýnka nimmt in seinem historischen Rückblick an: »Nach der glanzvollen Zeit unter Kaiser Karl IV. hatte Prag alle Voraussetzungen gehabt, das zu werden, was heute Brüssel ist: die Hauptstadt einer europäischen Union, die er schon in einer Vorläuferform als Kaiserreich führte. Dieses Ziel wurde vernichtet durch den Ersten Prager Fenstersturz.« Der 600. Jahrestag soll deshalb auch kein feierliches Jubiläum, sondern ein Memento sein: »Gewalt ist der falsche Weg, um Konflikte zu lösen. Fensterstürze sind nichts anderes als Attentate mit dem Ziel, jemanden zu töten. Und das ist ein Verbrechen.«

Mord oder Selbstmord ist dann die Frage beim **Dritten Prager Fenstersturz**. Am 10. März 1948 wurde der Außenminister Jan Masaryk, Sohn des Republikgründers, tot unter dem Fenster seiner Dienstwohnung im Palais Czernin (Černínský palác) aufgefunden. Waren die Kommunisten die Täter? Der Fall gibt bis heute Rätsel auf.

ÜBERNACHTEN

Hotels in guter Lage, als historische Kleinode oder mit Ambiente voller Antiquitäten und Kunst. Eine Unterkunft mit Fantasie gewählt, bringt in Prag auch schöne Träume.

LUXUS

Blendend, dass es vor den Augen flimmert
Cosmopolitan F3
Marmor und noch mehr Marmor, verspiegelte Wände. Das Auge braucht eine Weile, bis es sich an so viel Glanz gewöhnt hat. Die Zimmer sind in gedämpften Farben gehalten, kuschelig, charmant und kompakt möbliert. In einem grandiosen Saal mit Deckenfresken wird gefrühstückt. So viel Prunk hatte sich um 1890 mal die Kammer des Prager Gaststättenverbandes geleistet. Die prachtvolle Fassade strahlt beleuchtet in die Nacht, als wäre sie das Nationaltheater. Die Straße heißt Zlatnická, zu deutsch: Goldmacher. Wer hier kein Zimmer gebucht hat, sollte zumindest mal im Restaurant Next Door by Imperial dinieren. Der Chef ist ein berühmter Fernsehkoch.
Nové Město (Neustadt) | Zlatnická 3 | Metro: Náměstí Republiky | Tel. 2 95 56 30 00 | www.hotel-cosmopolitan.cz | 106 Zimmer | €€€€ | Restaurant: Tel. 2 95 56 34 40 | tgl. 7–23 Uhr | €€€

Spirituell anregend
Mandarin Oriental Prague C4
Es zählt zu den besten Hotels der Stadt und befindet sich in einem ehemaligen Benediktinerkloster aus dem 14. Jahrhundert. Der Kreuzgang haucht spirituell an, und zum Spa geht es über eine Kapelle. Unter dem Glasboden sind historische Grundmauern. Vor dem Tor verzweigen sich die Gassen der Kleinseite romantisch.
Malá Strana | Nebovidská 1 | Tram: Hellichova | Tel. 2 33 08 88 88 | www.mandarinoriental.com/prague | 99 Zimmer | €€€€

City Lovers mögen es bunt: Street-Art im neuen Konzepthotel NYX Prague
(s. S. 26) wurde von Prager Künstlern ausgeführt.

EXTRAVAGANT

Im venezianischen Prunkstil
Alchymist Grand Hotel & Spa B4

Ein idyllischer Barockhof aus vier 500 Jahre alten Häusern auf der Kleinseite, fantasievoll wie eine Opernkulisse für »Don Giovanni« eingerichtet: Brokatvorhänge, Himmelbetten, Kommoden, Kristallspiegel. Café Barocco Veneziano, SPA Ecsotica. Alles in allem ist es die teuerste Unterkunft in Prag.

Malá Strana | Tržiště 19 | Tram: Malostranské náměstí | Tel. 2 57 28 60 11 | www.alchymisthotel.com | 36 Zimmer | €€€€

Romantisch versteckt
Appia Hotel Residences B4

In bischöflicher Nachbarschaft. Aus dem Haus des Prälaten wurde eine stilvoll mit Antiquitäten bestückte Ruheoase. Die Bäder sind modern, der Innenhof lauschig. Wer tiefer in die Tasche greifen kann, leistet sich eine der 170 m² großen Suiten.

Malá Strana | Šporkova 3 | Tram: Malostranské náměstí | Tel. 2 57 21 58 19 | www.appiaresidencesprague.cz | 21 Zimmer | €€€

BOUTIQUEHOTEL

Newyorkerisch schick
BoHo Hotel E4
In einem einstigen Postamt eingerichtet. Das Art-déco-Portal
kündet von den Goldenen Zwanzigern, dahinter ist es in ultramodernem Design und mit nobler Eleganz in Grau, Beige und
Braun gestaltet. Restaurant, Gym, Spa mit Pool und federnd
weiche Betten wecken den Wunsch wiederzukommen.
Nové Město | Senovážná 4 | Tram: Jindřišská | Tel. 2 34 62 26 00 | www.
hotelbohoprague.com | 57 Zimmer | €€€

HOTEL MIT GESCHICHTE

Unvergesslich für Kafka-Fans
Century Old Town Prague E3
Von 1908 bis 1922 arbeitete Franz Kafka in diesem repräsentativen Bau der »Allgemeinen Arbeiter-Unfallversicherungsan-
stalt«. Auf den großzügigen Gängen und im imposanten Trep-
penhaus spürt man Kafkas Geist, auf dem Weg zur Altstadt
folgt man seinem Pfad.
Nové Město | Na Poříčí 7 | Metro/Tram: Náměstí Republiky | Tel. 2 21 80
08 00 | www.mgallery.com | 174 Zimmer | €€€

DESIGNHOTEL

Wie in einem Kunstatelier
NYX Hotel Prague E4
Architektur des Kubismus von Josef Gočár, 1921 als Bank eröffnet. Hinter der denkmalgeschützten Fassade wird es kunter-
bunt. Kunst und Nostalgie wechseln mit modernem Design. Die
Jindřišská an der Ecke ist eine typische Prager Straße und wird
von Einheimischen empfohlen, um neue Lokale zu entdecken.
Nové Město | Panská 9 | Metro/Tram: Václavské náměstí | Tel. 2 26 22
28 00 | www.nyx-hotels.de | 88 Zimmer | €€€

Am Wenzelsplatz, zentraler geht's nicht

Pytloun E5

Viele neue Designhotels haben in Prag eröffnet. Seit 2018 ist dieses aber kaum mehr zu übertreffen. Gläserne Bäder in den Zimmern, japanische Toiletten mit zehn Bedienungsknöpfen, Lichtdesign und Betten, als würde man auf einer Wolke schweben. Als Kontrast gibt es schwarzes Ambiente in der Lobby, eine coole Bar und kostenlose Häppchen für Hotelgäste. Das Haus »Zum goldenen Weizen« wurde 1926 als Kaufhaus erbaut, was die großen Zimmerfenster erklärt. Und der Name Pytloun? So heißt der Hotelbesitzer.

Nové Město | Václavské náměstí 16 | Metro: Mŭstek | Tel. 6 08 02 28 82 | www.pytlounhotelprague.cz | 54 Zimmer | €€€€

TRADITIONSHOTELS

Altstädtisch kurios

Clementin D4

Das schmalste Hotel der Welt: gerade für jeweils ein Zimmer pro Stock breit (3,28 m). Gewölbe und Holzdecken stammen aus dem 17. Jahrhundert, die Ausstattung unterstreicht die historisch authentische Atmosphäre. Die Lage ist optimal, um bei Sonnenaufgang unter den Ersten auf der Karlsbrücke zu sein.

Staré Město | Seminářská 4 | Metro: Staroměstská | Tel. 2 22 23 15 20 | www.clementin.cz | 9 Zimmer | €€

Papst Franziskus würde es gefallen

Dominikanerkloster Sv. Jiljí (St. Ägidius) D4

Der Rückzug in die spirituellen Räume führt unter Gewölbe an leeren Korridoren entlang. Die Schritte auf dem Kachelboden hallen. Sonst stört kein Laut die Ruhe. Spartanische, besser gesagt mönchisch karge Zimmer. Bett, Tisch, Nachtlampe, ein Stuhl. Frühstück macht man sich selbst. Wer solche Askese sucht, kommt wieder.

Staré Město | Husova 8 | Metro: Národní | Tel. 2 24 22 02 35 | www. kostel-praha.cz | 12 Zimmer | €

ARCHITEKTUR

Mittelalterliche Baukunst, Glanzzeit der Könige und Kaiser, der Charme der Belle Époque, kommunistisches Erbe: All diese Epochen haben sich im Stadtbild bestens bewahrt.

Jugendstil mit Obsession

Gemeindehaus (Obecní dům) – das berühmteste Jugendstilobjekt Prags. Ein Kulturtempel, wie ihn sonst nur Paris vorweisen kann – mit dem Grand Palais. Die Kuppel aus Stahl und Glas schwebt obenauf wie ein Luftballon. Durch die Fensterbögen könnten mittelgroße Flugzeuge einrangieren, solche Dimensionen erreichen sie. Am 28. Oktober 1918 verkündete Präsident T. G. Masaryk hier vom Balkon die tschechoslowakische Republikgründung. Er hätte keinen besseren Platz dafür wählen können: Bronzene Putten spielen am Geländer mit den Globuslampen, eine gewaltige Mosaikdarstellung der böhmischen Sagenfiguren schmückt den halbrunden Giebel. Als man diesen lichtdurchfluteten Himmelspalast zwischen 1905 und 1911 erbaute, stieß die grandiose Geldverschwendung auf heftige Kritik. Das Geld verlor an Wert, aber ohne dieses Repräsentationshaus wäre Prag bestimmt viel ärmer.

Kubismus, kantig wie ein Diamant

Ein Stil, der so nirgendwo sonst auf der Welt vorkommt, um 1910 abgeleitet von der Malerei. Das Prinzip bestand darin, alle Ornamente, Schnörkel, Figuren auf geometrische Linien zu reduzieren. Und die liefen im spitzen Winkel zusammen wie bei einem Diamanten. Dieser Edelstein wurde stilprägend für den Kubismus. Ein derartiges Gebäude in Prag erhielt auch den Namen »Diamant« (Spálená-Straße). Die Ikone des Kubismus bildet das **Haus zur Schwarzen Muttergottes** (Ovocný trh) mit Café und dem Museum »Kubista«. Doch irgendwann war es auch der Kanten genug. Also rundete man sie ab, fügte folkloristische Elemente hinzu, fertig war der Rondokubismus.

Die Nationalallee als Boulevard der Architektur: Das Palais Adria ist ein Parade-
beispiel für die runden Formen des Rondokubismus.

Gotik, Streben zum Himmel

Die Religion wies den geistigen Weg, um aus dem finsteren
Mittelalter herauszufinden. Wie die Hände im Gebet liefen die
Linien der sakralen Bauten zusammen. Rippengewölbe, Spitz-
bögen, Strebepfeiler, lichtdurchflutete Räume, filigrane Bunt-
glasfenster galten als gotische Stilmittel. Die Kathedrale als Ge-
samtkunstwerk wurde zum Spitzenobjekt (vom 12. bis 15.
Jahrhundert). Auf dem Hradschin dem heiligen Veit (Vít) ge-
weiht, ist der **St.-Veits-Dom** mit Peter Parler aus Schwäbisch
Gmünd verbunden. Ab 1356 in Prag tätig, war dieser auch für
die Karlsbrücke und Burg Karlstein zuständig. Mit einer Büste
verewigte er sich in der Kathedrale selbst. Am Triforium steht
sie neben einer Säule. Dahinter schleicht eine Katze. Sie faucht
böse. Das sei symbolisch für Parlers zänkische Frau, heißt es.
Den Begriff Gotik erfand Giorgio Vasari in Florenz um 1500 als
abwertende Stilbezeichnung für die Baukunst des Mittelalters.

Prager Barock aus Bayern

Römischer als Rom: Das war der Auftrag der Kirche, um aus
dem tschechischen Volk der Ketzer gute Katholiken zu machen. Die Dientzenhofers, eine Künstlerfamilie aus dem bayerischen Landkreis Rosenheim, standen zu Diensten. Georg
und seine Brüder Wolfgang, Leonhard, Johann und Christoph

Kontraste: Neorenaissance und Brutalismus, Nationaltheater und Neue Szene.

gingen um etwa 1660 auf die Walz nach Prag. Das Maurer-handwerk dort erlernt, stiegen alle zu berühmten Baumeistern auf. Auf Christoph geht die **St.-Nikolaus-Kirche** zurück. Sein Sohn Kilian Ignaz, 1689 in Prag geboren, vollendete die pracht-volle Kuppel, das Wahrzeichen der Kleinseite. Bei einem Spa-ziergang durch dieses Viertel lässt sich auch die wohl roman-tischste Gasse entdecken, die man sich vorstellen kann: **Míšeňská**, die Häuserfront über 300 Jahre alt. Hier wohnten die Dientzenhofers, hatten die Fassaden mitgestaltet. Vorbild-lich renoviert, strahlen sie jetzt noch schöner als damals.

Neorenaissance, Pracht und Prunk

Rudolfinum: monumentaler Treppenaufgang, beiderseits von kunstvollen Laternen flankiert. Obenauf schweben Siegesen-gel. Das »Haus der Künstler« (1885) am rechten Moldauufer ist einer der Hollywood-Drehorte Prags. Es hielt für das viktoria-nische London, den Königspalast von Paris und die Börse von New York her. Architektonisch der Semperoper in Dresden entlehnt, nach Kronprinz Rudolf (1858–1889) benannt (also nicht nach Kaiser Rudolf II.), erwies sich der Prunkbau auch in der Nutzung als wandlungsfähig: ursprünglich Konzertsaal und Galerie, nach 1920 das erste Parlament der Tschechoslo-wakischen Republik mit einem Arbeitszimmer für Präsident T. G. Masaryk. Nach 1945 zog die Tschechische Philharmonie als Hausherr ein. Der **Dvořák-Saal** ist für seine hervorragende Akustik berühmt, die Galerie punktet mit temporären avantgardistischen Expositionen. Die Reservierung für eine Dachbesichtigung der antiken Göttinnen auf dem Sims kann man unter www.rudolfinum.cz vornehmen.

Gepflanzte Architektur

Kleinseitner Gärten: Platznot machte erfinderisch. Um dem König nahe zu sein und um den erworbenen Reichtum zu zeigen, ließ der Adel seine Gärten am Hang unterhalb des Hradschin anlegen. Stiegen, Altane, Pavillons, Terrassen: Von überallher bietet sich ein berauschender Blick, auch über die Gartenkunst aus Bäumen, Büschen, Pflanzen und Gewächsen. Die Anlagen sollte man sich nicht entgehen lassen: Vrtba, Waldstein sowie der längste und steilste Park, Fürstenberg. Dass mitten in der Stadt auch Weinberge gedeihen, dessen können sich sonst nur Paris und Wien rühmen. Am südlichen Hang der Burg Hradschin reift eine Sorte, die nach dem heiligen Wenzel benannt ist und, ökologisch angebaut, zur prächtigen Frucht heranreift. An freiwilligen Erntehelfern mangelt es nicht.

Brutalismus, die verkannte Periode

Dieser Stilbegriff wird für die Nachkriegsbauten von 1950 bis 1989 verwendet. Der rohe Sichtbeton dominierte. Als die Architektur des Sozialismus wurde der Brutalismus als wertlos und Ausdruck der Tyrannei eingestuft. 30 Jahre nach der »Samtenen Revolution« erfolgt eine Neubewertung. Die gesichtslos uniformen Siedlungen wurden renoviert, und die Prager lieben ihre neue »bunte Platte«. Zu den herausragenden Bauten zählt der **Glaspavillon** auf dem Letná-Hügel, der für die Expo 58 in Brüssel konstruiert und dort mit einer Goldmedaille ausgezeichnet wurde. Der futuristische Überbau der ehemaligen kapitalistischen Börse für das sozialistische Parlament (1974) wurde wie Rock 'n' Roll im historischen Stadtbild Prags verstanden. Einer gigantischen Wabe ähnelt das Gebäude der »**Neuen Szene**« (1983) neben dem Nationaltheater. Den avantgardistischen Kubus bilden 4306 große Glaswürfel.

KUNST UND KULTUR

Eine Sinfonie wurde zum Welthit, Fabelwesen leuchten im Dunkeln, in der Tiefe groovt es. Und Mozarts Serenade »Eine kleine Nachtmusik« ist die Hymne der Stadt.

Tschechische Philharmonie

Der Kultklang: Vom Chefdirigenten hängt das Ranking ab. Gehört er selbst nicht zu den weltbesten Zehn, hat das Orchester das Nachsehen. Immerhin zählt die Tschechische Philharmonie, 1896 gegründet, zu einem der ältesten Klangkörper. Erster Chef war Komponist Antonín Dvořák, der mit einem Gastspiel in New York triumphierte. Nach der Rückkehr komponierte er die 9. Sinfonie »Aus der Neuen Welt«. Sie wurde zum Welthit und gehört zum Stammrepertoire der Tschechischen Philharmonie. Seit 2017 steht Semjon Bytschkow am Chefpult. Der Vertrag des Russen mit amerikanischem Pass läuft bis 2020. Ob unter ihm ein Aufstieg von Platz 20 gelingt? Siehe auch das Domizil der Philharmonie: Rudolfinum (→ S. 95).

Das Konzert-Karussell

Drei große Orchester, über zwei Dutzend Kammerensembles, dazu Quartette, Oktette und Trios. Bach, Beethoven, Mozart, längst bekannte Werke. Aber man kann sie neu entdecken, weil sie in Prag anders klingen. Das liegt an den Orten, an denen die Werke aufgeführt werden. In Kirchen, Palästen sowie großartigen Konzertsälen. Und das Auge hört mit. Eine Serenade im Waldsteingarten, Orgelkonzerte in der Jakobs- oder Salvatorkirche, ein Oratorium im Niklasdom bleiben unvergessliche Hörerlebnisse. Neben dem Kultur- und Musikfestival »Prager Frühling«, dem internationalen Musikfestival »Dvořáks Prag«

> »Das habe ich noch in keiner Stadt erlebt. Sobald die Lichter angehen, wird in Prag überall musiziert«, schrieb Mozart an seine Frau Constanze. Heute ist es nicht anders.

Im prachtvollen Konzertsaal des Rudolfinums, dem Dvořák-Saal, vereinen sich Optik und Akustik zu vollkommener Harmonie.

lockt auch das »Rudolf-Firkušný-Klavierfestival« Zuhörer an. Zu bedeutenden Jubiläen gibt es Konzerte an authentischen Orten, um das Ereignis gebührend zu würdigen.

Laterna magika

Über zwei Millionen Zuschauer staunten bereits über diese Zaubertricks. Da rast eine Tram auf sie zu, Möbel wandern herum, die Tänzer fliegen wie Vögel in der Luft. Film, Licht, Musik, Ballett, Pantomime verschmelzen zu einem Bühnenerlebnis. Mit »Zauberlaterne« bezeichnete man im 16. Jahrhundert die ersten Projektionskästen, in denen sich die Bilder bewegten. Der tschechische Regisseur Alfréd Radok und der Szenograf Josef Svoboda entwickelten aus dieser Idee ein weltweit einmaliges Multimediatheater, bei der Expo 58 in Brüssel uraufgeführt. Mit einer Goldmedaille ausgezeichnet, war der Erfolg vorprogrammiert.

Schwarzes Theater

Man sieht sie, man sieht sie nicht. Durch das Schwarzlicht werden nur weiße oder farbige Gegenstände auf der Bühne sichtbar, während die schwarz gekleideten Schauspieler für die

Welten, die sonst nur in der Fantasie existieren, werden im Black Light Theatre (s. S. 95) fürs Publikum wahr.

Zuschauer nicht erkennbar sind. Diese Theaterillusion knüpft an den Erfolg der Laterna magika an. Es entstanden etliche Ensembles in Prag, die mit dem gleichen Prinzip arbeiten. Alles fliegt, auch was keine Flügel hat. Ein furioses Spiel mit der Fantasie. Der Zuschauer fühlt sich dabei genauso schwerelos wie die Tänzer, Akrobaten, Pantomimen, in einer magischen Choreografie aufgewirbelt.

Prager Jazzszene
Ohne einen Abend mit Rock, Jazz oder Oldies sollte man Prag nicht verlassen. In mindestens 20 Liveclubs groovt es allabendlich los. Oft hieß es, der tschechische Jazz habe seine besten Zeiten längst hinter sich. Pustekuchen, es gibt vielversprechenden Nachwuchs. Schräge Experimente, eine ungewöhnliche Wahl der Instrumente und bekannte Klassiker, die neu aufgelegt werden, bestimmen den Trend. Unter mittelalterlichen Gewölben, in Moldaufluten spiegelnd oder in Werkshallen trommelnd, das ausgefallene Ambiente sorgt für das gewisse Extra. Die internationalen Stars kommen wegen genau dieser

Atmosphäre gern. Die »Jazz-Brücke Prag« am Altstädter Ring feiert bald 20-jähriges Jubiläum. Besseren Jazz-Rock, Funk oder Fusion hört man nicht mal in New York (www.jazzbridge.net).

Mozart in Prag

»Don Giovanni« klingt phonetisch auf Tschechisch wie »John do wany«, also John in die Badewanne. Die Prager mögen das Wortspiel. Am 29. Oktober 1787 wurde die Oper in Prag uraufgeführt, nachdem »Die Hochzeit des Figaro« in Wien durchgefallen war. Wie die Oper über den bestraften Wüstling damals klang, lässt sich authentisch nachempfinden. Das Ständetheater ist das letzte Theater der Welt, das sich noch im ursprünglichen Zustand befindet. Bühne und Zuschauerraum aus Holz sichern die unverfälschte Akustik von damals. Die Ouvertüre komponierte Mozart erst in Prag. Buchstäblich in letzter Minute fertig, sei die Tinte auf dem Papier noch feucht gewesen, als die Noten dem Orchester überreicht wurden. Die Musiker spielten ohne vorher geprobt zu haben. In der Fachsprache heißt es: prima vista, auf den ersten Blick (bzw. vom Blatt). Mozart dirigierte.

Ein Prager aus Wien

Name: Jára Cimrman, Beruf: Universalgenie. Geboren um 1850 in Wien, um 1914 von der Welt verschwunden, 1966 wieder aufgetaucht, zuerst in einer Radiosendung. Er hat die Pläne für den Panamakanal ersonnen, mit Graf Zeppelin das erste Luftschiff konstruiert, für Edison die Glühbirne geformt und mit G. B. Shaw korrespondiert (erhielt aber niemals eine Antwort). Auch die CD ist seine Erfindung: »Cimrmans Disc«. Bikini, Kondensmilch, Internet, alles seine Ideen. Überflüssig zu erwähnen, dass Cimrman nie gelebt hat. Er lässt sich als der geistige Nachfolger des braven Soldaten Schwejk betrachten. Nicht einmal im Sozialismus gab es so lange Schlangen für Eintrittskarten wie jetzt vor Cimrmans Theater im Stadtteil Žižkov. Selbst mit einem Dolmetscher würde aber ein Nichttscheche den Sinn nicht verstehen. Aber gut zu wissen, dass es Jára Cimrman in Prag gibt.

Mozart wohnte bei seinen Pragbesuchen in der Villa Bertramka. Heute befindet sich in diesen Räumen das Mozart-Museum.

MOZART: MEHR ERFOLG IN PRAG ALS IN WIEN

»Meine Prager verstehen mich«

Wer war Mozart? »Diese kichernde Kreatur mit der schmutzigen Fantasie, die eben auf dem Boden rumgekrochen war, das war Mozart«, sagt Antonio Salieri, sein Rivale. Eine Szene aus »**Amadeus**«. Über diesen Filmschatz wird in Prag immer noch so gesprochen wie über eine Neuigkeit. Dabei liegt es schon einige Jahrzehnte zurück, dass der Regisseur Miloš Forman es wagte, mitten in der Punkkultur einen Film über Mozart zu drehen. »Den vielleicht besten Film, der je über Musik gemacht wurde«, lobte die Zeitschrift »Rolling Stone«. 1985 räumte »Amadeus« in Hollywood acht Oscars ab. Prag, noch mitten im grauen Sozialismus, wurde von den ersten Strahlen des Hollywood-Glamour erfasst. Nach der Wende war es eben Mozart, dessen Geist sich für den Tourismus in Prag als Magnet zugkräftig erwies. Auf den Spuren der Drehorte wurden Kafka, Golem, Mucha und Rilke wiederentdeckt. Prag wurde zum kultigen Pilgerort aller Freigeister.

Genie und Rebell. 1786 schockte Mozart mit seiner Oper **»Die Hochzeit des Figaro«** Wien. Der Kampf des Dieners gegen seinen adligen Herrn war eine unerhörte Provokation. Die Oper wurde gleich nach der Premiere abgesetzt. In Prag passte das revolutionär gefärbte Sujet zur wachsenden Abneigung gegen die Habsburger Monarchie, zumal sich Mozart zur verschworenen Loge der Freimaurer bekannte. Mozart schrieb an seine Frau Constanze: »Denn hier in Prag wird von nichts anderem gesprochen als – Figaro, nichts anderes gespielt, geblasen, gesungen und gepfiffen als – Figaro, keine Oper häufiger besucht als – Figaro.« Daraufhin bekam Mozart auch den nächsten Auftrag: die Komposition von **»Don Giovanni«** mit seinem Texter Lorenzo Da Ponte.

Die Uraufführung von »Don Giovanni« am 29. Oktober 1787 am **Ständetheater** dirigierte Mozart selbst. Das Publikum brach am Schluss in frenetischen Jubel aus. Es war der größte Erfolg in Mozarts Karriere. In Wien fiel auch diese Oper über die Bestrafung des adligen Wüstlings durch. Im letzten Akt fuhr er in einer Friedhofsszene zur Hölle. Das gefiel Kaiser Joseph II. überhaupt nicht. Mozart tröstete sich mit der 38. Sinfonie in D-Dur. Aus Dankbarkeit als die »Prager« benannt, wurde sie 1787 im Palais des Grafen Thun auf der Kleinseite unter Mozarts Leitung uraufgeführt. In diesem Konzertsaal tagt heute das tschechische Parlament.

Das Flair von Mozarts Zeit ist nirgendwo so erhalten geblieben wie in Prag. Gewohnt hatte Mozart zuerst im Gasthof »Zu den drei goldenen Löwen« am Kohlenmarkt (Uhelný trh, Altstadt). Die weiteren zwei Aufenthalte verbrachte er in der **Villa Bertramka** (→ S. 194, Smíchov). Am Ständetheater führte Mozart 1791 noch seine Festoper »La clemenza di Tito« auf, zur Krönung Kaisers Leopold II. zum König von Böhmen. Die Kaiserin soll sich nicht besonders schmeichelhaft zu dem Werk geäußert haben. Mozart war mit 35 Jahren schon von schwerer Krankheit gezeichnet. Nach seinem Tod am 5. Dezember 1791 gab es eine Trauermesse im St.-Nikolaus-Dom auf der Kleinseite. Etwa 4000 Menschen wohnten der Messe bei. So voll war die Kirche danach nie wieder.

MUSEEN UND GALERIEN

Die 7 als Leitzahl. Jeweils so viele Orte füllen die Sammlungen der Nationalgalerie (NG, www.ngprague.cz) sowie der Galerie der Hauptstadt Prag (GHMP, www.ghmp.cz). Eine Auswahl für jedes Interesse.

Ein Prager Juwel
Das monumentale Gebäude des **Nationalmuseums** (→ S. 143) füllt die Stirnseite des Wenzelsplatzes aus. Nach der Renovierung strahlt es außen wie innen in grandioser Pracht. Das Atrium bietet ein atemberaubendes Licht- und Raumerlebnis. Das Nationalmuseum bündelt insgesamt elf Objekte: von Historie, Musik, Technik bis Völkerkunde.

Kunst in der Nationalgalerie
Ein Museumsquartier wie Paris oder Wien hat Prag nicht. Die Galerien konzentrieren sich rund um den Altstädter Ring. Die Nationalgalerie als Hüterin der wertvollsten Kollektionen ist über ein halbes Dutzend Orte verstreut: In der spirituellen Umgebung des **Agnesklosters** (→ S. 77) wird man von der sakralen Kunst, auch ohne religiös zu sein, stark berührt. Um die griechische und römische Antike geht es im unteren Stockwerk des **Palais Sternberg** (→ S. 110). Ein Stockwerk höher: Tintoretto, Ribera, Tiepolo, El Greco, Goya, Rubens, van Dyck, Bronzino, Rembrandt, Dürer, Cranach. (Wegen Rekonstruktion ist die Neueröffnung für Herbst 2020 geplant.)

Die schwarz-weiße Sgraffito-Fassade des **Palais Schwarzenberg** (→ S. 110) dominiert den Hradschinplatz. Im Inneren sind Gemälde und Bildhauerei des Böhmischen Barock zu bewundern, hier fühlt man sich wie in Venedig. Im Zeichen des Impressionismus steht das **Palais Goltz-Kinsky** (→ S. 63), der »kleine Louvre« von Prag, mit Werken von Gauguin, Monet, Degas, Renoir, Sisley. Der **Messepalast** (→ S. 183) ist allein schon durch die funktionalistische Architektur (1925–1928)

Das Nationalmuseum erstrahlt nach der Renovierung seit 2018 in neuer Pracht.

herausragend. Die Ausstellung widmet sich der modernen Kunst: tschechische Malerei (1918–1938) bereichert um Gauguin, Rousseau, Picasso und van Gogh. Spannende Wechselausstellungen zu den Themen Kunst und Wohnen, Lifestyle und Trends im Spiegel der Epochen bietet das **Palais Salm** (→ S. 110). Und die Reithalle im **Palais Waldstein** (→ S. 124) hat sich auf Ausstellungen über künstlerische Impulse, welche die Zeit veränderten, spezialisiert.

Mehr Kunst und Design

Man nannte ihn »Fürst des Jugendstils«: Alfons Mucha (1860 bis 1939). Während des Sozialismus als ein Künstler der Bourgeoisie verpönt, gehörte er nach der Wende zu den großen Entdeckungen. Ihm ist das private **Mucha-Museum** (→ S. 152) gewidmet. Auf Glanz und Glamour eingestimmt, präsentiert das **Kunstgewerbemuseum** (→ S. 80) das Jahrhundert der Möbel, Mode, Dekors und Keramik. Als Dependance für Glaskunst gibt es eine Erweiterung im **Glasmuseum Portheimka** (→ S. 193). Die tschechischen Glasdesigner stellen eine eigene Kunstdisziplin auf, mit Ideen und Fantasie kaum zu übertreffen. Eigensinn in der Kunst bewies auch der Kubismus, der in Prag entstanden ist. Das **Haus zur Schwarzen Muttergottes** (→ S. 72) zeigt eine weltweit einzigartige Sammlung von Möbeln, Keramik, Porzellan, Interdekor.

DOX Zentrum für zeitgenössische Kunst: Auf dem Dach ist das Luftschiff »Gulliver« gelandet – 42 m lang, 10 m breit und rätselhaft.

Die unbekannte Kunst

Maler František Kupka (1871–1957) und Bildhauer Otto Gutfreund (1889–1927), beide zu Lebzeiten unterbewertet, stehen für die neue Souveränität der tschechischen Moderne. Das **Museum Kampa** (→ S. 129) führt in diese unbekannte Avantgarde ein. Die **Galerie Mánes** (→ S. 157) knüpft an diesen Geist an: Der weiße quadratische Bau über einem Moldaukanal ist eine architektonische Legende. Funktionalistischer Ausstellungsraum aus den 1930er-Jahren, der sowohl mit Retrospektiven als auch in der Gegenwartskunst gegen die Marketingtrends mobilisiert.

Forum der Geschichte

Nie drohte ein atomarer Bombenanschlag so ernst wie in den 1950er-Jahren. Im Schutzbunker unter dem Luxushotel Jalta am Wenzelsplatz lässt sich der Ernstfall nachvollziehen: Hier befindet sich das **Museum des Kalten Krieges** (→ S. 144, 146). Ein Ortstermin, der seine Aktualität wiedergewann, bietet sich im **Museum des Kommunismus** (→ S. 155) an. Die »Diktatur des Proletariats« wird dort deutlich.

Jüdisches Leben

Neue jüdische Museen sind weltweit im Trend und lösen zugleich Kritik aus jüdischen Kreisen aus. Sind nur die Juden selbst zu eigener Darstellung befugt? Die Antwort liefert Prag. Der Grundstock für das Jüdische Museum wurde bereits 1906 in der **Maisel-Synagoge** (→ S. 86) gelegt. In vier weiteren Synagogen gibt es umfassende Darstellungen der jüdischen Religion, Sitten und Tradition. Die Spanische Synagoge öffnet nach der Rekonstruktion voraussichtlich Ende 2020 wieder. Das **Franz-Kafka-Museum** (→ S. 128) gilt nur unter dem Aspekt der Pragdarstellung als jüdisch, obwohl der Schriftsteller jüdischer Abstammung war.

Pragensis und Kuriositäten

Wie hat es damals ohne Kräne, Hydraulik und Betonmischer funktioniert? Eine Lehrstunde über gotischen Brückenbau vermittelt das **Museum der Karlsbrücke** (→ S. 62). Eine Einführung zum »Opus magnum« erlebt man im Museum **Speculum Alchemiae** (Spiegel der Alchemie, → S. 80). Es riecht nach schwarzer Magie. Und wo Karl IV. seine ersten drei Lebensjahre verbrachte, installiert GHMP im **Haus zur steinernen Glocke** (→ S. 62, 69) Ausstellungen. Der Kontrast zur Gotik löst einen spannenden Zeitdialog aus. Wirklich kurios ist dann, wie das Unsichtbare im **Miniaturmuseum** (→ S. 114) unter der Luppe fast schon gigantisch erscheint.

Gegenwart und Übermorgen

Im **DOX Zentrum für zeitgenössische Kunst** (→ S. 183) ist das Übermorgen das Thema. Der Abschied von Meisterwerken ist vollzogen, die Kunst definiert sich neu. In die gleiche Richtung marschiert auch David Černý als Kreator von **Meet-Factory** (→ S. 197). Hier gibt es Chaosräume für interdisziplinäre Kunst. Aus der Sehnsucht nach dem Gestern entsteht die Zukunft in der **Galerie Karlín Studios** (→ S. 186). Aus einer früheren Fabrik wurde ein Atelierkomplex für internationale Künstler, die sich in einer »Prager Schaffensperiode« ungestüm von allen kommerziellen Zwängen frei verwirklichen.

ABENDGESTALTUNG

Prag international. Louis Armstrong machte 1965 den Anfang im »Lucerna-Saal«. Es muss aber nicht immer Jazz sein. Auch Klassik hat Weltniveau.

JAZZ UND BLUES

Seit 1991 mit Stargästen führend
AghaRTA E4
Mittelalterliche Katakomben, die nach einem Livealbum von Miles Davis benannt sind. Das verpflichtet.
Staré Město | Železna 16 | Metro: Můstek | Tel. 2 22 21 12 75 | www.agharta.cz | tgl. 19–1, Session 21–24 Uhr

Kultclub für Jazzfreunde
Jazz & Blues Club Ungelt E4
Der Chef Luboš Andršt ist mit seiner Bluesband eine Kultfigur. In seinem Musikkeller spielen Veteranen und Newcomer.
Staré Město | Týn 2 | Metro: Náměstí Republiky | Tel. 22 48 95 77 87 | www.jazzungelt.cz | tgl. 20–1 Uhr

Die Gründerbastion der Prager Jazzszene
Reduta D5
US-Präsident Bill Clinton schmetterte hier 1994 ein Solo. Das Saxofon dazu schenkte ihm Amtskollege Václav Havel.
Nové Město | Národní 20 | Metro: Národní | Tel. 2 24 91 22 46 | www.redutajazzclub.cz | Beginn 21 Uhr

Experimente und Entdeckungen
Jazz Dock Bar & Café C5
Ein verglaster Glaskubus bei der Schiffsschleuse. Das jüngste Livepodium bringt frisches Blut in die Prager Jazzszene.
Smíchov | Janáčkovo nábřeží 2 | Tram: Arbesovo náměstí | Tel. 7 74 05 88 38 | www.jazzdock.cz | Mo–Do 17–4, Fr–So ab 15 Uhr

Leckere Cocktails und Livemusik sorgen in der Lucerna Music Bar für Stimmung.

CLUBBING

Ein Jugendstil-Labyrinth
Lucerna Music Bar E5
Das Raumgefühl wie in einer U-Bahn-Station macht die 80er- und 90er-Partys phänomenal.
Nové Město | Vodičková 36 | Metro: Muzeum | Tel. 2 24 21 71 08 | www. musicbar.cz | ab 21 Uhr

Livemusik in buntem Ambiete
Roxy E3
Giftgrün, polarweiß, sonarblau. Man kommt sich vor wie ein Moskito in der Neonröhre. Alles live: Indie, Drum 'n' Bass, Electro und Hip-Hop.
Staré Město | Dlouhá 33 | Metro: Náměstí Republiky | www.roxy.cz

KINO

Nostalgie pur
Lucerna E5
Der nostalgische Kinosaal ist die Attraktion. Balkons, Logen, Lampenschirme, grüner Samtvorhang, Stuck an der Decke. Wie einst in Hollywood. Film unwichtig.
Nové Město | Vodičková 36 | Metro: Muzeum | www.kinolucerna.cz

OPER UND BALLETT

Starke Emotionen
Staatsoper (Státní opera) F5
1888 von der Prager deutschen Gemeinde für sich erbaut, ist
die Staatsoper seit 2020 nach vorbildlicher Renovierung neu
eröffnet: goldene Pracht, größter Zuschauerraum Prags.
Nové Město | Wilsonova 4 | Metro: Muzeum | Tel. 2 24 90 14 48 | www.
narodni-divadlo.cz | Beginn 19 Uhr

LIVEMUSIK UND RESTAURANT

Blues- und Rockbands spielen live
Hard Rock Café Prague D4
Die wohl originellste Location der ganzen Kette: ursprünglich
ein Eisenwarenhandel mit Galerien auf vier Stockwerken.
Staré Město | Malé náměstí 3, Haus U Rotta | Metro: Staroměstská |
www.hardrockcafé.com | Fr, Sa Liveband 22–2 Uhr

MUSICAL UND KONZERT

Ergreifendes Raumerlebnis
Forum Karlín ÖSTL. F4
Ehemals Kesselfabrik (1908), in moderne Architektur integriert. Die ultimative Eventlocation (3000 Personen) mit sehr
guter Akustik. Jazz, Soul, R 'n' B.
Karlín | Pernerova 51 | Metro: Křižíkova | Tel. 7 02 20 33 59 |
www.forumkarlin.cz

Breitgefächertes Angebot
Hybernia E4
»Schwanensee« in knallengen Latexkostümen, »Galileo« oder
»Tarzan« als Musical, Hommage an Pink Floyd, Chanson, Jazz.
Nové Město | Náměstí Republiky 4 | Metro: Náměstí Republiky |
Tel. 2 21 41 94 20| www.hybernia.eu

Forum Karlín: Multifunktionsarena in einer ehemaligen Fabrikhalle. Die Musikgruppe Apokalyptika wird hier durch Lichteffekte in Szene gesetzt.

BAR UND LOUNGE

Luxuriös und weltläufig
Bar and Books E4
Werden Sie selbst zu James Bond. Alle seine Filme laufen am Bildschirm (ohne Ton). Mahagoni, Leder, intim, anspruchsvoll. Alles so wie beim New Yorker Original. Hier kann man den Abend in stilvoller Atmosphäre ausklingen lassen.
Staré Město | Týnská 19 | Metro: Náměstí Republiky | Tel. 2 24 81 51 22 | www.barandbooks.cz | tgl. 18–3 Uhr

Stylishes Ambiente
Groove Bar D5
Über zwei Etagen gestreckt, von Technovibes orchestriert, wird diese Bar mit super Drinks zum unvergesslichen Höhepunkt der Prager Nächte. Zu günstigen Preisen kann man hier mit den Einheimischen feiern.
Nové Město | Voršilská 6 | Metro: Národní | Tel. 7 77 61 02 79 | www. groovebar.cz | tgl. 19–3 Uhr

Auch mit über 80 Jahren performt der gefeierte Jazzmusiker Charles Lloyd ausdrucksstark, wie hier auf dem Festival »Struny podzimu« (s. S. 49).

JAZZ – EINE HERZENSANGELEGENHEIT FÜR PRAG

Igel im Blauen Salon

Die Reise nach New York kann man sich sparen. Jan Garbarek, Pat Metheny, Candy Dulfer, Steve Lukather, Jamie Cullum, all die Topleute von East Village fliegen nach Prag ein, treten im Jazzclub AghaRTA auf. Der Saxofonist **Charles Lloyd** spielte auch im Rudolfinum, was beweist: In Prag sind Jazz und Klassik ebenbürtig. Für den Trompeter **Wynton Marsalis** und sein Jazz at Lincoln Center Orchestra wurde auf dem Hradschin-Platz eine gigantische Freiluftbühne aufgebaut. Das Konzert schrieb Geschichte. Marsalis propagiert den alten Swing im großen Big-Band-Stil.

Das hat in Prag eine lange, auch politisch gefärbte Tradition. Mit dem **Pittsburgher Vertrag** entstand 1918 die erste selbstständige Tschechoslowakische Republik. Amerika erklärte sich zur Schutzmacht. Die Sympathien mit allem, was amerikanisch war, schlugen hoch. Der Prager Hauptbahnhof wurde nach dem US-Präsidenten Woodrow Wilson umbenannt. Der erste tschechische Staatschef Tomáš Masaryk, mit einer amerikanischen Pianistin verheiratet, nahm den Namen seiner Frau an und hieß nach der Hochzeit Garrigue Masaryk.

Die K.-u.-k.-Monarchie war überwunden. Kein Radetzky-Marsch erklang mehr, statt Walzern von Johann Strauß kam nun Ragtime von Scott Joplin. Das Komikertrio Burian, Voskovec und Werich machte sein »Befreites Theater« (Osvobozené divadlo) mit Boogie-Woogie flott. Die Songs lieferte **Jaroslav Ježek** (1906–1942), der Pionier der Prager Synkopen. In diesem Genre bricht der Ostinatobass das rhythmische Raster auf. Der schwere Schlag verschiebt sich vom ersten auf den zweiten, leichten Takt. Beschwingt nannten sich die Songs danach auch »Bugatti Step«, »Happy Feet«. Wo der Komponist Ježek, zu deutsch Igel, wohnte, entstand 1989 das kleinste Museum Prags. Ein Zimmer, der **»Blaue Salon«**, mit funktionalistischen Möbeln der 1920er-Jahre ausgestattet. 1939 emigrierte Ježek zusammen mit Voskovec und Werich nach New York. Die Nazis hatten Swing als »Niggermusik« verboten. Die Prager Hitlerjugend machte nachts Streifzüge und kontrollierte, ob jemand heimlich Bebop aus dem BBC-Radio hörte. Über London wurden Konzerte des Glenn Miller Orchestra im Äther live übertragen, »Chattanooga Choo Choo« wurde zur Hymne des Widerstands gegen die Nazis.

Im Sozialismus hieß es: »Gegen die Sowjets sein und Jazz hören ist eins.« Die Kulturfunktionäre versuchten vergeblich, diese »imperialistische Unterwanderung« zu unterbinden und Jazz zu verbieten. Die Musiker wehrten sich mit geradezu schwejkhafter Argumentation: Jazz sei die Musik der unterdrückten Schwarzen, man wolle Solidarität mit Amerikas Sklaven bekunden. Nach der Wende war es wieder der Jazz, der Václav Havel half, den Hradschin als ein »verwunschenes Schloss« (zakletý zámek) von Geistern zu befreien. Die Reihe **»Swing auf der Burg«** wird von allen Präsidenten als Schirmherren fortgesetzt. Prag als Jazzbrücke zwischen Ost und West gibt jeden Abend neben arrivierten Stars auch Newcomern eine Chance. Die ausgefallenen Locations sorgen für tolle Erlebnisse.

FESTKALENDER

Februar
Bohemian Carnevale
Basler Fasnacht mit Hexen, Samba aus Rio, Engelsflug aus Venedig, ein *best of carneval* am Altstädter Ring (zuletzt 50 000 Menschen).
1. Wochenende nach den Heiligen Drei Königen

Crystal Ball
Schillernde Kostüme, Federmasken, Galadinner, Tanzfest im Barockpalast Clam-Gallas. Das Rokoko-Outfit für die venezianische Nacht gibt es auch zum Ausleihen.
www.wussin.cz

Mai
Prager Frühling (Pražské jaro)
Seit 1946 das international wichtigste Musikereignis in Prag. Zum Finale wird traditionell Beethovens 9. Sinfonie mit der Tschechischen Philharmonie geboten.
In zeitlicher Nähe zum 7. Mai | www.festival.cz

Die lange Nacht der Kirchen
Mehr als 300 Kirchen, Kapellen, Klöster und Krypten im Kerzenschein, Klostergärten und Türme illuminiert. Eine »Kirchentram« pendelt auf der Linie 22.
www.nockostelu.cz

Prague Proms
Von London inspiriert: Mozart, Bernstein und Beatles. Ein Cocktail aus Klassik, Pop, Jazz und Hollywood-Evergreens. Jan Hasenöhrl, ein bekannter Prager Trompetenmagier, trumpft auf.
www.pragueproms.cz (fortlaufend bis Oktober)

Juli
Bohemia Jazz Fest
Der Altstädter Ring wird bei diesem Fest zur Open-Air-Bühne. Gothic kontrastiert mit Funk, Cross-over und engagiertem Jazz. Die Veranstalter beweisen ein goldenes Händchen für außergewöhnliche Acts.
www.bohemiajazzfest.cz

August
Sommerliche Letná (Letní Letná)
»Cirque nouveau«. Internationales Manegefestival. Das

Publikum ist fasziniert von neuen Zirkusformen, Akrobatik und Straßentheater. Für Klein und Groß am Letná-Hügel, bis Anfang September.
www.letniletna.cz

September
Dvořáks Prag
Das Werk von Antonín Dvořák füllt ein ganzes Monatsprogramm bei dem internationalen Musikfestival. Die größte Hommage, die es je zu Ehren eines Komponisten weltweit gegeben hat.
www.dvorakovapraha.cz

Sculpture line
Augen auf! Bildhauer überraschen die Prager mit ihren Werken, um gewohnte Plätze zu verfremden. Provokation inbegriffen. Zum Beispiel: King Kong zeigt seine Männlichkeit.
www.sculptureline.cz

Oktober
Musiksaiten des Herbstes (Struny podzimu)
Klassik, Jazz, Hip-Hop, Soul. Die Vielfalt der Locations reicht von Kirche über Konzertsaal (Rudolfinum) bis zur Werkshalle (Forum Karlín).
www.strunypodzimu.cz

Signal Festival
Freiluftshow mit Licht, Laser und LED-Installationen. Die historische Innenstadt mitsamt Häuserfronten, Plätzen, Kathedralen erwacht surrealistisch in einer virtuellen Fiktion. Die Türme tanzen.
www.signalfestival.com

November
Prager Theaterfestival deutscher Sprache
Gute Gelegenheit, um die Prager Bühnen kennenzulernen und auch zu verstehen. Bei »Faust« ist Schluss mit lustig. Gelacht wird trotzdem.
www.theater.cz

Festival Alternativa
Rituelle Klanglandschaften, Mutanten-Lärm, tropische Tanz-Grooves. Die Avantgarde setzt neue Akzente. Die Zukunft wird ungemütlich, aber mutig.
www.alternativa-festival.cz

Dezember
Weihnachtsmarkt
Mittelalterliches Flair am Altstädter Ring: Glasbläser, Puppenmacher, Schmiede am offenen Feuer und Lebkuchenbäcker.
1. Advent bis Heiligabend

HANDWERKSKUNST

*Die tschechische Hauptstadt glänzt in frischen Farben, zieht
Menschen voller Ideen und Kreativität an. Das war auch zu
Zeiten von Kaiser Rudolf II. vor 400 Jahren der Fall.*

Glas: von der Eiskönigin angehaucht

Auf den Schliff kommt es an. Shops mit böhmischem Kristall-
glas finden sich in Prag an allen Ecken. Vom typischen Mit-
bringsel bis zur hochwertigen Kunst glitzern die Gläser, Vasen
und Karaffen in allen Farben. Als der Kristallkönig führt Moser (www.moser.com) den Markt an, eine Glasmanufaktur aus
Karlsbad. Klassik- und Gegenwartsdesign, avantgardistische
Gussformen und einzigartig plastische Gravuren.

Marionetten: an Fäden gehängt

Holzspielzeug und Marionetten – zwei handwerkliche Domä-
nen mit jahrhundertelanger Tradition in Prag. Als Meister aller Meister erweckt der Puppenzauberer Pavel Truhlář seine
Figuren zum Leben. Sein Michael Jackson beherrscht den
»Moonwalk«, seine Pferde können ihre Zunge rausstrecken
und mit den Augen kullern. Es werden auch Workshops angeboten: Ob man das Talent zum Marionettenschnitzer hat?
Man kann es probieren (www.marionety.cz).

Mode: die Prager »Coco Chanel«

Die schicke Pragerin trägt gern Sachen, die es nur einmal gibt.
Als Antwort auf Dior oder Prada kommt Klára Nademlýnská
(www.klaranademlynska.cz). »Meine Mode für Frauen können auch Männer tragen«, empfiehlt die Designerin.

Licht: Hofdesigner des Präsidenten

Tische, die tanzen, Kronleuchter verzweigt wie Äste einer
Baumkrone, Vasen in Geweihform. Der Prager Bořek Šípek
(1949–2016) errang durch seine Extravaganz weltweiten

Glas made in Bohemia Cristal als höchste Kunst – weltweit einmalig.

Ruhm. Von Möbel bis Glaskunst und Lichtdesign wirken seine Objekte lebendig beschwingt. Für den Präsidenten Václav Havel illuminierte er die Burgräume des Hradschin neu. Šípeks Objekte haben inzwischen hohen Sammlerwert. Es gehört allerdings auch eine Portion Glück dazu, diese in Prager Verkaufsgalerien zu finden.

Mobilität: Das »Schwein« ist zurück

Unter diesem Spitznamen (*prase*) war Čezeta 501 bekannt (sprich Tschezetta), ein tschechischer Scooter, der alle Bürger im Sozialismus mobil machen sollte. Ab 1957 wurde er drei Jahre lang produziert, es blieb aber bei 150 000 Stück. Ein für Oldtimer passionierter Brite, Neil Smith, 1998 in Prag hängengeblieben, hatte die vergessene Marke wiederentdeckt und erworben. Als begabter Schrauber legte er den stromlinienförmigen, einem Torpedo ähnlichen Roller neu auf: nach 50 Jahren jetzt mit Elektromotor. Alte Liebe rostet nicht. Das Designhotel Josef stellt bereits diesen »Tesla auf zwei Rädern« seinen Gästen zur Verfügung. Die meisten Probefahrer kommen so begeistert zurück, dass sie das »Schwein« in schrillen Neonfarben am liebsten gleich mitnehmen wollen. Die Serienproduktion lässt noch etwas auf sich warten. Aber Smith stellt in Handarbeit in seiner Werkstatt drei bis fünf Exemplare im Monat her, mit exklusivem Seltenheitswert als Garantie (www.cezeta.cz).

KULINARIK

Als Stadt der jungen Köche macht Prags Gastronomie von sich reden. Ideenreich präsentiert sich der vielfältige Genuss in neuen Lokalen.

Die neue Prager Gastronomie

Je teurer ein Restaurant, umso besser? Nicht in Prag. Der TV-Kochwettbewerb der Profis »MasterChef« im tschechischen Fernsehen initiiert die Trends. Die neue Generation am Herd, die sich jetzt selbstständig macht, rekrutiert sich vorwiegend aus den internationalen Fünf-Sterne-Hotels. Sie erfindet neue Rezepte und frischt die Tradition kreativ auf. Deftig war gestern.

Nationales Traditionsgericht

Großmutters Sonntagsbraten ist heilig: die *svíčková*, Kerzenbraten genannt, weil die zarten Lendenfilets vom Rind kerzengerade geschnitten werden. Dazu gibt es süßsaure Rahmsauce, Serviettenknödel und Preiselbeeren auf einer Zitronenscheibe als säuerlich-pikantes i-Pünktchen.

König ist das Schwein

Am besten als Braten in dicken Scheiben, saftig und fett, begleitet von Kraut und garniert mit einem Berg Knödeln. Das Nationalgericht, im Volksmund *vepřo-knedlo-zelo*, hat über die ganzen Jahre im Sozialismus den tschechischen Bauch und auch die Seele getröstet.

Die Weltkugel der Tschechen

Original werden böhmische Knödel (*knedlík*) mit Weizenmehl hergestellt. Die Kartoffelknödel sind nicht rund, sondern werden in Scheiben geschnitten. In den Karlsbader Knödeln bilden die Semmelwürfel ein Mosaik. *Chlupaté knedlíky* (zottelige Knödel) verführen innen mit Kraut und Speck.

Knödel, aber bitte fruchtig: Im Café Savoy (s. S. 196) kommen sie von Meisterhand.

Die Götterspeise
Obstknödel mit Marillen, Erdbeeren und Pflaumen als Füllung – dafür schenkte laut Legende der liebe Herrgott den Tschechen den Obstgarten. Leider gibt es aber immer weniger Restaurants in Prag, wo man diese Köstlichkeit noch bekommt.

Der Bierkult
Auf den Großpopovitzer Bock (Velkopopovický kozel) schwören die Experten. Sonst teilt sich die Nation in zwei Lager: Pilsener Urquell (Prazdroj) oder Smíchover Altquelle (Staropramen), letzteres Bier ist Prager Herkunft. Der Rest der Bierliebhaber bekennt sich zum Budweiser (Budvar). Die Tschechen halten den Weltrekord im Pro-Kopf-Bierkonsum. Die Familienbrauerei Bernard hat mit originellem Kneipendesign und Events die Jugend erobert.

Sandwich auf Tschechisch: *chlebíček*
Sprich »chlebítschek«, das belegte Brötchen. Auf eine weiße Baguettescheibe so viel Feinkost aufzutürmen wie nur möglich ist eine Kunst. Die andere Kunst liegt darin, davon so abzubeißen, dass nicht gleich die Hälfte herunterfällt. Von Prags Feinkostkönig Jan Paukert erfunden, feierte unlängst sein »hochdekorierter Happen« das 100. Jubiläum.

KULINARISCHES LEXIKON

alkoholický: alkoholisch

bábovka: Gugelhupf
biftek: Beefsteak, Filet
bramborák: Kartoffelpuffer
brambory: Kartoffel
buchty: Dampfnudeln
buřty: Knackwurst

čaj: Tee
červené zelí: Rotkraut
česnek: Knoblauch
chleba: Brot
cibule: Zwiebel
citrón: Zitrone
cukr: Zucker

dort: Torte
drštky: Kutteln

gulaš: Gulasch

hermelín: tschechischer
Camembert
hořčice: Senf
houby: Pilze
houska: Semmel
hovězí: Rindfleisch
hrách: Erbse
hranolky: Pommes frites
hruška: Birne
husa: Gans

jablko: Apfel
jablkový závin: Apfelstrudel
jahoda: Erdbeere
játra: Leber
jelení: Hirschbraten
jitrnice: Leberwurst

kachna: Ente
kančí: vom Wildschwein
kapr: Karpfen
karbanátek: Frikadelle
káva: Kaffee
klobása: Bockwurst
knedlíky: Knödel
koblihy: Krapfen
koláč: Kuchen
koření: Gewürze
králík: Hase
krkovička: Halsgrat
krůta: Truthahn
kuře: Hähnchen
květák: Blumenkohl
kyselé okurky: saure Gurken
kyselé zelí: Sauerkraut

máslo: Butter
maso: Fleisch
med: Honig
minerálka: Mineralwasser
mléko: Milch
mouka: Mehl
mrkev: Möhre

nápoje: Getränke
nudle: Nudeln

obložené chlebíčky: belegte Brötchen
ocet: Essig
okurky: Gurken
olej: Öl
omáčka: Sauce
ořechy: Nüsse
ovoce: Früchte
ovocný pohár: Fruchtbecher

palačinky: Palatschinken
párky: Würstchen
pečený: gebraten
pepř: Pfeffer
perlivá voda: Sprudelwasser
pivo: Bier
polévka: Suppe
pomeranče: Orange
předkrm: Vorspeise
pstruh: Forelle

rajčata: Tomaten
řízek: Schnitzel
roštěnka: Rostbraten
ryba: Fisch
rýže: Reis

salám: Wurst/Aufschnitt
salát: Salat
sardinky: Sardinen
sekaná: Hackbraten
selátko: Spanferkel
skopová: Hammelbraten
slanina: Speck

šlehačka: Schlagsahne
slivovice: Pflaumenschnaps
smažený: paniert
smetana: Rahm, Sahne
špenát: Spinat
srnčí: Rehbraten
sůl: Salz
šunka: Schinken
svíčková: Lendenbraten in Sauerrahm (Nationalspeise)
sýr: Käse

telecí: Kalbfleisch
těstoviny: Teigwaren
tlačenka: Presssack
toust: Toast
tvaroh: Quark

utopenci: »ertrunkene« Würstchen im Zwiebelessig
uzeniny: Wurstwaren

vejce: Ei
věnečky: gefüllte Teigkränzchen
vepřová: Schweinebraten
větrník: Windbeutel
víno bílé: Weißwein
voda: Wasser

zákusek: Dessert
zavináče: Rollmops
zelenina: Gemüse
zelí: Kraut
zmrzlina: Eis
zvěřina: Wild
žampiony: Champignons

HINEIN IN DIE STADT

Der Religionsreformer Jan Hus dominiert den Altstädter Ring. In den Sockel der Statue ist seine Botschaft gemeißelt: »Liebet einander, gönnt jedem die Wahrheit.«

ALTSTADT (STARÉ MĚSTO)

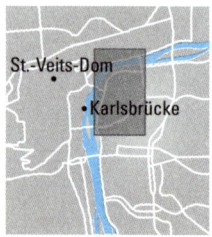

St.-Veits-Dom

Karlsbrücke

Die Altstadt ist die historische Wiege Prags. Sie wurde um 1230 gegründet und ist seit Karl IV. beinahe vollständig in ihrem Grundriss von 1348 erhalten geblieben. Mit 866 Hektar ist sie außerdem das größte urbane Weltkulturerbe der UNESCO. Der neue Luxus glänzt.

»In der Tat ein sehr schöner und angenehmer Ort«, schrieb **Mozart** aus Prag an seine Frau Constanze. Damals wie heute – die Altstadt hat sich den Charme einer Kleinstadt bewahrt. Im Ranking der authentischsten Städte Europas nimmt Prag hinter Venedig den zweiten Platz ein. Mittelalterlich, romantisch, verschachtelt, tagsüber bunt wie eine Theaterkulisse, schleicht sich mit der Dämmerung das literarische Mysterium ein.

Nur über New York wurden mehr Bücher geschrieben als über Prag: poetisch, bildhaft, voller Märchen, von Sagen umwoben. Und keine Altstadt gebar einen derart eigenwilligen Schriftsteller wie **Franz Kafka**, die Symbolfigur Prags, die sogar in Japan zu den meistgelesenen Klassikern zählt. Prag hat inzwischen auch ein Literaturfestival. Junge Autoren treffen

Blick über die Altstadt

St.-Gallus-Kirche

St.-Ägidius-Kirche

Aussichtsturm Petřín
→ S. 120

sich zum Lesen. Historisch wird viel an die Zeiten erinnert, als Prag hinter Paris und Rom die drittgrößte Metropole Europas stellte. Aus dieser Epoche stammt der Beiname »Goldene Stadt«. Diesen Ruhm mehrt Prag kreativ weiter. Designobjekte wechseln sich ab mit Tradition.

Die stachelig aufragende **Teynkirche** führt einen gotischen Dialog mit dem **Altstädter Rathausturm**. Beide Bauwerke dominieren auf charakteristische Weise Prags Panorama. Die Altstadt bildet eine attraktive Fußgängerzone. In den kopfsteingepflasterten Gassen klacken die Pferdehufe wie Trommelschläge. Für Sightseeing ist eine Kutschenfahrt der Klassiker. Wer ein Faible für Geschichte hat: Am 21. Juni 1621 wurden vor dem Rathaus 27 böhmische Standesherren nach der verlorenen Schlacht am Weißen Berg gegen die Truppen der Katholischen Liga hingerichtet. Ihre ritterlichen Häuser mit verzierten Fassaden stehen heute noch am **Altstädter Ring**. Renoviert in bunten Farben, werden sie als Aparthotels, Galerien, Restaurants und Cafés genutzt. Die Besucherdichte pro Quadratmeter gleicht statistisch berechnet dem Gedränge am Markusplatz in Venedig. Und die Moldau gilt als Prager »Canal Grande« – einmal im Jahr wird hier venezianisch mit einer prachtvollen Bootsparade gefeiert. Aber auch ohne gerade ein Straßenfest zu erleben, merkt man schnell: Das Größte, was Prag besitzt, ist sein Herz. Und es schlägt wie verrückt.

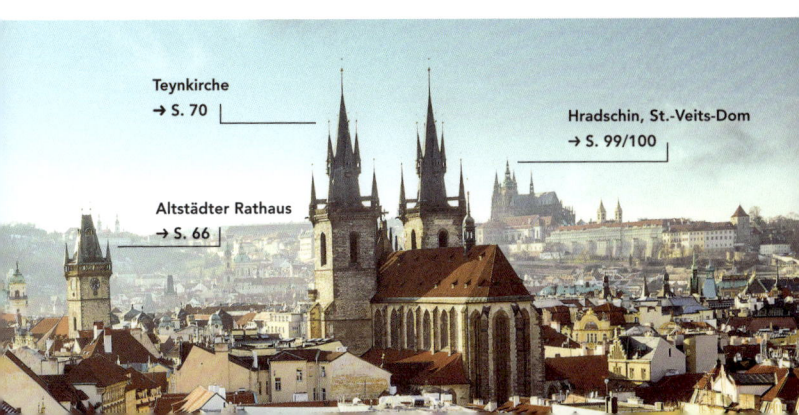

Teynkirche
→ S. 70

Hradschin, St.-Veits-Dom
→ S. 99/100

Altstädter Rathaus
→ S. 66

SEHENSWERTES

1. Karlsbrücke ★
2. Altstädter Ring ★
3. Palais Goltz-Kinsky
4. Altstädter Rathaus
5. Welt von Franz Kafka
6. Teynkirche
7. Teynhof/Ungelt
8. Karolinum
9. Kubismusmuseum
10. Königsweg
11. Palais Clam-Gallas
12. Palais Colloredo-Mansfeld ▮
13. Kreuzherrenplatz
14. Clementinum
15. Mann Gottes versus »nackte Terezka« ●
16. Bethlehemskapelle
17. Agneskloster
18. »Bermuda-Dreieck« ▮
19. Speculum Alchemiae
20. Kunstgewerbemuseum
21. Josefstadt ★
22. Altneu-Synagoge
23. Jüdisches Rathaus
24. Kafka-Denkmal ▮
25. Alter Jüdischer Friedhof
26. Pinkas-Synagoge
27. Spanische Synagoge
28. Maisel-Synagoge
29. Klausen-Synagoge
30. Zeremonienhalle

ESSEN UND TRINKEN

1. Terasa U Prince
2. Hanzu
3. Grand Café Orient
4. Pivovar U Supa
5. Choco-Story
6. Choco Café
7. Café Montmartre
8. Marina Grosseto Ristorante
9. La Bottega di Finestra
10. U Vejvodů
11. Nostress
12. James Dean
13. Au Gourmand

EINKAUFEN

14. Pařížská ulice
15. Manufaktura
16. Michal Negrin

ABENDGESTALTUNG

17. Hemingway Bar ▮
18. Rudolfinum
19. Ständetheater
20. Black Light Theatre

Letná-Park

Čechův most

Úřad vlády ČR
(Regierungsamt)

sv. Maří
Magdalena

nám.
Curieových

Na Františku

Klášter
Anežský
(Agneskloster)

17

Poštovní muzeum
(Postmuseum)

Rásnovka

sv. Šimon
a Juda

sv.
Kliment

nábřeží Edvarda Beneše

U pivovaru

Dvořákovo nábř.

U Milosrdných

Haštalské

Josefov
(Josefstadt)

nám. sv. Haštal

19

Vltava (Moldau)

Pařížská

SPŠ
stav.

Jüdisches
Prag

Bílkova

21

Speculum
Alchemiae

Dlouhá

Soukenická

Alter Jüd.
Friedhof
Kunstgewerbe-
museum

Klausen-
Syn.

22

Altneu-
Syn.

Spanische
Syn.

U Staré
školy

Dušní

18

Revoluční

Klimentská

Rudolfinum

18

Vysoké

27

Duch.
Syn.

Jüd. Rat-
haus

Kafka-
Denkmal

24

V kolkovně

11

Masná

Benediktská

Dlouhá

Kotva

Truhlářská

Mánesův most

nám.
Jana Palacha

8

20

29

30

25

26

23

12

13

Masná

Nám.
Republiky B

Siroká

Pinkas
Syn.

Maisel-
Syn.

Salvátor

14

Staro-
městské
nám.

Palais
Goltz-
Kinsky

7

sv.
Jakub

Teynhof/
Ungelt

Jakubská

Obecního
domu

Franz-Kafka-Museum

Kaprova

Univerzita
Karlova

Řiše
loutek

sv. Mikuláše
(St. Nikolaus)

2

Zere-
moniehalle

28

Mariánské
nám.

Image

Staro-
městská
radnice

Tynský chrám
(Teynkirche)

6

5

Obecní dům
(Gemeindehaus)

Celetná

4

3

sv. Františka
z Assisi

Altstädter
Brückenturm

1

13

Platnéřská

Mariánské
nám.

Magistrát

Linhartská

Altstädter
Ring
Franz Kafka

Staro-
městská
radnice
(Altst. Rathaus)

9

Kubismus-
mus.

8

Staré Město
(Altstadt)

Div. Minor

Klementinum

Archiv hl.
m. Prahy

14

Malé
nám.

Karolinum

Stavovské divadlo
(Ständetheater)

19

sv. Kříž

Altstädter
Königs-
weg

10

Kreuz-
herren-
pl.

Karlova

Muzeum
loutek

11

Palais
Clam-
Gallas

sv. Havel

20

Muz. B. Smetany
Smetana-Museum

12

Novotného
lávka

15

7

Michalská

Havelský
trh

Na Příkopě
(Am Graben)

Casino
Palais
Savarin

Div. Na zábradlí

Palais
Colloredo-
Mansfeld

6

sv. Jiljí

Betlémská kaple
(Bethlehems-
kapelle)

Havelská

Rytířská

Mucha-
Museum

17

Náprstkovo
nám.

16

Betlémské
nám.

10

Uhelný
trh

Bata

Panská

N

210 m

MERIAN-Kartographie

Náprstkova muz.

Betlémské

Skořepka

Perlová

Jungmann-
ovo nám.

Martinská
ve zdi

Neustadt

Můstek B

sv. Martin

P. Marie Sněžná
(Maria Schnee)

Haupt-
post

Jindřišská

Sehenswertes

MERIAN TOP 10

① KARLSBRÜCKE (KARLŮV MOST) C4

»Ein Zentaur mit gotischem Körper und barockem Kopf«, so beschrieb der französische Bildhauer Antoine Bourdelle die Karlsbrücke, als er 1909 Prag besuchte. Auf dem sinnbildlichen Rücken dieses antiken Pferdemenschen gelangen jährlich so viele Passanten über die Moldau, wie Tschechien Einwohner hat: rund 10,5 Mio. Den Grundstein legte Kaiser Karl IV. am 9. Juli 1357 nach astrologisch berechnetem Datum. Saturn stand im Sternzeichen des Löwen, dem Wappentier der tschechischen Könige. **Peter Parler** als Architekt des Veitsdoms übernahm die Leitung. Nach 45-jähriger Bauzeit wurde sein Meisterwerk 1402 eröffnet, aber schon vorher, im Jahr 1393, durch den gewaltsamen Brückensturz von Johannes Nepomuk,

Generalvikar des Veitsdoms, unheilvoll stigmatisiert. Die Jesuiten ließen die steinernen Heiligen von 1704 bis 1714 als Statuenallee aufstellen (→ S. 64).

Nach Karl IV. wurde die Brücke erst 1870 benannt. Sie ist 51 m lang, 10 m breit und ruht auf 16 Pfeilern. Bei der Befreiung Prags von der deutschen Besatzung durch die Rote Armee verbot Marschall Iwan Konew den sowjetischen Panzern, über die Karlsbrücke zu fahren, um sie nicht zu beschädigen. Als erster amerikanischer Tourist flanierte 1946 Filmstar Rita Hayworth, das Sexidol ihrer Zeit, an den Steinheiligen vorbei. Seit 1965 ist die Brücke als Fußgängerzone ausgewiesen. Im Jahr 2002 hielten die Quaderpfeiler der Jahrhundertflut stand, eine Generalsanierung erfolgte 2007. Die Legende, nach der sich ein Schatz in den Hohlräumen zwischen den Pfeilern befinden sollte, wurde entkräftet: Die Karlsbrücke ist innen leer.

»Prager Venedig« (Pražské Benátky): Bei der Rundfahrt mit der historischen Flotte beeindruckt die Gewaltigkeit der Brücke am stärksten. Im **Museum der Karlsbrücke** lädt ein interaktives Modell zum Mitmachen ein.

Křižovnické náměstí 3 | Metro/Tram: Staroměstská | Moldauschifffahrt: www.prazskebenatky.cz/de | 340 Kč, Kinder, Senioren 170 Kč | www.muzeumkarlovamostu.cz | Mai–Sept. 10–19, Okt.–April bis 16 Uhr | 170 Kč, Kinder, Senioren 70 Kč, Kombiticket: 490 Kč, 340 Kč

 MERIAN TOP 10

❷ ALTSTÄDTER RING (STAROMĚSTSKÉ NÁMĚSTÍ) D/E4

Die Herzkammer der Altstadt wird von Pragern kurz »Staromák« genannt. In der Mitte mahnt der ausgestreckte **Finger des Märtyrers Jan Hus** (1370–1415) aus einem grimmigen Gruppendenkmal. Zu den schönsten Häusern zählen **Dům U Minuty** (Minuta hieß der Hausbesitzer) mit seinen schwarzweißen Sgraffitos. Das gotische **Dům U Kamenného zvonu** (»Haus zur steinernen Glocke«) neben der Teynkirche ähnelt einer mittelalterlicher Burg, ist aber ein detailgetreuer Nachbau des Originals aus dem 14. Jh. Vermutlich um 1316 wohnte

Der Altstädter Ring vom 70 m hohen Altstädter Rathausturm aus: Von dort wirkt er bunt und malerisch wie eine Puppenstube.

hier Königin Elisabeth, Mutter von Kaiser Karl IV. Manche Historiker mutmaßen, der »größte Tscheche aller Zeiten« sei auch hier geboren. Bewiesen ist es aber nicht. Die Häuserfront am Ring wirkt wie aus einem Bilderbuch. Unten in den mittelalterlichen Kellern haben Lokale, Clubs und Galerien eröffnet. Unter Sonnenschirmen wird an Hunderten von Plätzen bewirtet. Der Rummel brummt bis lange nach Mitternacht.

Staroměstské náměstí | Metro: Můstek | www.prague.eu/de

③ PALAIS GOLTZ-KINSKY (PALÁC KINSKÝCH) D/E4

Die Nationalgalerie (NG) präsentiert hier den französischen Impressionismus. In wechselnden Ausstellungen gesellt sich Malerei aus anderen Epochen hinzu. Das Palais erzählt aber auch eine eigene Geschichte. Es wurde von Ignaz-Kilian Dientzenhofer (1765) erbaut, in rosa Bonbonierfarben zum Rokokojuwel geschmückt, und im Hinterhof ging Franz Kafka zur Grundschule. Unter dem Torbogen unterhielt sein Vater einen Galanteriewarenladen. Im Februar 1948 übernahmen die Kommunisten die Macht. Ein Meer der roten Fahnen überflutete den

Fegefeuer für Ketzer, Sünder und Ungläubige

Das hat sich schon **Franz Kafka** als Kind gefragt, als er mit seinen Eltern über die Karlsbrücke ging: Warum mahnt mich der ausgestreckte Zeigefinger eines Heiligen so böse an? Habe ich etwas verbrochen? Die meiste Angst übermannte ihn bei der Statue des Osmanen. Dieser lehnt an einem Felsbrocken, und der Krummsäbel klemmt an seinem dicken Bauch. Unter ihm hinter Gittern leiden, im finstern Kerker eingesperrt, unglückliche Geschöpfe. Die Hände gefaltet, flehen sie Gott um Erbarmen. Beim Anblick dieses »Bergs des Schreckens« brach der kleine Franzl in Tränen aus und weigerte sich, mit seinen Eltern an dem Türken vorbeizugehen.

Sogar chinesische Hochzeitspaare lassen sich mit einem Steinheiligen fotografieren. Das Relief vom Brückensturz des heiligen Nepomuk und der bronzene Hund von König Wenzel IV. glänzen wie Gold, da sie als Glücksbringer millionenmal berührt wurden. Doch stehen die Steinheiligen auf dem mittelalterlichen Geländer nur als eine Freiluft-Kunstgalerie der barocken Bildhauerei? Rund **30 Skulpturenformationen** mit **58 Figuren** reihen sich in einer Allee auf: Heilige, Apostel, Bibelausleger, Inquisitoren, Kirchengelehrte, Märtyrer, Schutzpatrone. Sieben Engel gesellen sich hinzu, vier Ungläubige, drei Könige, zwei Löwen, jener Türke, vor dem sich der kleine Kafka fürchtete, ein Eremit, ein Hirsch, ein Hund, ein weinender Teufel und sogar ein Jude. Grimmig wirken sie in der Nacht, fröhlich lächeln sie im Sonnenschein. Professor Jan Royt, Kunsthistoriker an der katholischen Fakultät der Prager Karlsuniversität, klärt auf: »Böhmen war nach dem Dreißigjährigen Krieg ein Hort von protestantischen Rebellen geworden, was der Papst in Rom nicht dulden konnte.« Den Auftrag zur Bekehrung der böhmischen Ketzer erhielten die spanischen Jesuiten. Sie kamen nach Prag mit dem Plan, die viel frequentierte Karlsbrücke in eine *via santa* zu verwandeln. »Zu

Auf der Karlsbrücke befindet sich das Relief mit dem hl. Nepomuk – der gewaltsame Brückensturz 1393 machte ihn zum Märtyrer und Volksliebling der Tschechen.

einem mahnenden Büßerlaufsteg, um jeden vor dem ewigen Fegefeuer zu warnen, der nicht auf den einzig richtigen katholischen Weg Gottes findet.« Klosteräbte im ganzen Land wurden aufgefordert, Vorschläge einzureichen. Welche Statuen realisiert werden, entschieden allein die Jesuiten in ihrer Zentrale, dem Clementinum am Altstädter Brückenkopf.

Die barocken Steinheiligen auf der Karlsbrücke, die zwischen 1707 und 1720 aufgestellt wurden, übermitteln die *reconquista*, die katholische Rückeroberung. »Böhmen war damals das Afghanistan Europas«, betont Professor Royt. Das Volk wandte sich von dieser »Propagandagalerie« auch ab. Im Geiste des Widerstands war nur **Nepomuk** beliebt. Durch diese Haltung sah sich der Vatikan schließlich gezwungen, den Generalvikar des Veitsdoms, 1393 von seinen klerikalen Gegnern zu Tode gefoltert, 1729 als Märtyrer heilig zu sprechen. Die Jesuiten erhoben Nepomuk zum obersten Schutzpatron der Brücken, nicht nur in Prag, sondern überall im katholischen Europa. Zu seinen Ehren steigt alljährlich am 15. Mai auf der Karlsbrücke seit 2004 das Johannisfest **Navalis**. Das ist noch prachtvoller als die Bootsparade beim Karneval in Venedig.

Die Skulpturen um das Zifferblatt der Astronomischen Uhr kommen aus der Werkstatt von Peter Parler; im Hintergrund ist die Teynkirche zu sehen.

Altstädter Ring. »Sieg!« brüllte Klement Gottwald als KP-Chef und erster Arbeiterpräsident vom Palastbalkon. Später als »Palast des Unheils« verrufen, machten die Prager um den Prachtbau einen großen Bogen. Nach der Wende bemühten sich Erben der Familie Kinsky um die Rückgabe ihres Stammsitzes. Den langen Streit gewann die Nationalgalerie.

Staroměstské náměstí 12 | Metro: Staroměstská | www.ngprague.cz | Di–So 10–18 Uhr | 220 Kč, erm. 120 Kč

❹ ALTSTÄDTER RATHAUS (STAROMĚSTSKÁ RADNICE) D4

Als eines der Prager Wahrzeichen ragt seit 1338 der gotische Turm 69 m auf. Die ritterlich verzierte Erkerkapelle erinnert an Jiří (Georg) von Podiebrad. Der Hussitenkönig zog das gotische Rathaus der Burg Hradschin vor und regierte von hier aus von 1458 bis 1471 bürgernah das Land. Den üblichen Pflichtbesuch beim Papst in Rom blockte er pfiffig ab: »Bedauere Exzellenz, aber meine Leibesfülle erlaubt mir derlei weite Reisen nicht.« Das Portal ist mit Steinornamenten geschmückt, und mitten am Kreuzhaus hängt das Stadtwappen

»Praga Caput Regni« (Haupt der Macht). Hinter dem bleiernen Renaissancefenster aus dem Jahr 1520 wird standesamtlich geheiratet. Der neogotische Nordflügel wurde während des »Prager Aufstandes« im Mai 1945 von der deutschen Wehrmacht zerstört. Die Baulücke klafft offen als kleiner Park und Budenstraße mit Grill, Zuckerwatte und Souvenirs.

Staroměstské náměstí 1/3 | Metro: Můstek | Tel. 2 36 00 26 29 |
www.prague.eu

ASTRONOMISCHE UHR

Die Astronomische Uhr (auf Tschechisch *orloj*, von dem lateinischischen Wort *horologium* stammend) am Altstädter Rathaus ist ein weltweites Unikat. Sie wurde zwischen 1410 und 1490 konstruiert, und auf dem Ziffernblatt werden Uhrzeit, Sternzeichen, Sonnenring, Mondkreis und Datum erfasst. Der Lohn für dieses geniale Uhrwerk soll grausam gewesen sein: Mit glühendem Schwert ließen die Ratsherren das Augenlicht von Meister Hanuš ausbrennen, damit er nicht noch mal solch ein Technikwunder bauen konnte. Der Meister rächte sich jedoch, indem er sich als Blinder zu seiner Erfindung führen ließ und mit einem Griff die Zahnräder anhielt. Gut 100 Jahre dauerte es, um die Uhr wieder in Gang zu bringen. Doch das ist nur die Legende. Erstaunlich, dass die Uhr erst 1954 auf elektrischen Betrieb umgestellt wurde. Solange lief die mittelalterliche Mechanik einwandfrei.

Apostelparade: Zu jeder vollen Stunde ertönt das Glockenspiel. Die zwölf Apostel erscheinen an der Astronomischen Uhr zum Defilee. Nicht bibelfest genug, um sie namentlich zu erkennen? Aus dem linken Türchen tritt zuerst Paulus mit Buch und Schwert hervor. Es folgen Thomas (Speer), Thaddäus (Buch in der linken Hand), Simon (Säge), Bartholomäus (Buch in der rechten Hand) und Barnabas (Papyrusrolle). Aus der rechten Tür kommen Petrus (Schlüsselbund), Matthäus (Axt), Johannes (Schlange), Andreas (Andreaskreuz), Philipp (Kreuz) und Jakob (Gehstock). Danach kräht der Hahn und schlägt mit den Flügeln. Die Zeit ist um. Der Sensenmann läutet die Sterbeglocke. Die Touristenkarawane zieht weiter.

König, Kaiser und Landesvater: Karl IV., der im Jahr 1316 in Prag geboren wurde, scheint in der Stadt allgegenwärtig zu sein.

KARL IV., DER GRÖSSTE TSCHECHE ALLER ZEITEN

Von Gott zum Landesvater erwählt

Mit den Rechten und Pflichten, die Karl IV. von den nicht mindermächtigen Kurfürsten auferlegt wurden, ähnelte seine Rolle dem heutigen EU-Kommissionspräsidenten. Er hatte einen unterschiedlich beschaffenen Länderbund zusammenzuhalten, für den Ausgleich zu sorgen und in gemeinsamer Prosperität zu führen. In gewissem Maße war Karl IV. schon 1355 ein Vorgänger von Ursula von der Leyen, nur eben mit der Kaiserkrone auf dem Haupt, und das volle 23 Jahre bis zu seinem Tod im Jahr 1378. In dieser Zeit wurde Prag zu dem, was es heute ist: die »**Goldene Stadt**«.

»Ich komme, um meinen Sohn zu holen.« Mit diesem Satz fing die Geschichte an. An einem düsteren Novembertag bei Nebel und Schneeregen hielt König Johann von Luxemburg mit seinen Rittern vor einem Stadtpalast auf dem Altstädter Ring. Im Jahr 1319, als der kleine **Prinz Wenzel** seiner Mutter,

Königin Elisabeth, entrissen wurde, war er nur drei Jahre alt. Nachdem er zuerst auf der Burg Loket (Elbogen) in den Wäldern Westböhmens untergebracht worden war, gab man ihn nach Paris zu seinem Onkel, König Karl IV., zur Ausbildung. Dessen Namen nahm er aus Bewunderung später an. Mit sieben Jahren wurde er verheiratet. Seine französische Braut, Blanche de Valois, war gleichaltrig.

Zum Herrscher stieg er unerwartet auf. Sein Vater, Johann »der Blinde«, fiel in der Schlacht bei Crécy. Der Papst von Avignon erklärte Karl IV. 1346 zum **römisch-deutschen König von Böhmen**. Nicht in Prag, sondern in Bonn gekrönt, rückte er auf den Hradschin ohne Triumphzug als Edelknecht verkleidet ein. Politisches Geschick bewies er schnell. Bald reichte sein Reich von der Ost- und Nordsee bis zum Mittelmeer von Genua bis Adria. Auch der Bauboom war gigantisch. Prag stieg hinter Rom und Paris zur drittgrößten Metropole Europas auf. 700 Jahre nach seinem Tod, als es in der tschechischen TV-Historienwahl um den »größten Tschechen aller Zeiten« ging, siegte Karl IV. Tscheche war er eigentlich nur mütterlicherseits.

Als Baumeister Prags plante Karl IV. weitsichtig. Er lieferte den Grundriss für die Neustadt mit **Karls-** und **Wenzelsplatz** und erteilte den Auftrag für **St.-Veits-Dom, Karlsbrücke, Karlsuniversität** sowie **Emmauskloster** als slawischer Vatikan. Bei dem Karmelitenkloster St. Maria Schnee wünschte er, alle Kirchenschiffe Europas zu übertreffen. Mit 100 Meter Höhe gelang auch der Rekord (nur die Türme fehlen). Für seine **Burg Karlstein** fand er als von Gott auserwählter Herrscher einen uneinnehmbaren Ort auf einem Berg. Da die Burg deshalb nie erobert wurde, fielen die Reichskleinoden in der Schatzkammer auch dem Feind nie in die Hände. Das burgähnliche »**Haus zur steinernen Glocke**« (www.ghmp.cz) steht ebenfalls dort, wo Karl als Wenzel geboren wurde. Es wurde 1961 unter Verwendung von 12 000 originalen Bau- und Reliefsteinen in den ursprünglichen Zustand zurückversetzt und ergibt durch Kreuzstockfenster, Burgzinnen, Sims und Portal das wertvollste Objekt der Prager Gotik. In der abendlichen Spätsonne erstrahlt die gelbe Sandsteinfassade wie aus Gold.

⑤ WELT VON FRANZ KAFKA (SVĚT FRANZE KAFKY) D4

Der Stadtkern, der ab etwa 1100 besiedelt wurde, lag im frühen Mittelalter noch erheblich tiefer. Später wurde wegen der Überflutungen der Moldau immer im Frühjahr das Straßenniveau aufgeschüttet, sodass unter der erhöhten Häuserfront ein unterirdisches Labyrinth zurückblieb. Zur Erkundung bietet sich diese Ausstellung an. Unter dem Magistrat eingeschlossen, verzweigen sich Verließe aus dem 13. Jh. Hier gibt es krumme Gänge, die für einen Menschen gerade breit genug sind. Das Auge tappt zwischen Dunkelheit und Signallicht. Man verweilt hier im »kafkaesken« Zustand.

Náměstí Franze Kafky 1 | Metro: Staroměstská | www.franzkafkaworld.com | tgl. 11–19 Uhr | 250 Kč, erm. 200 Kč

⑥ TEYNKIRCHE (TÝNSKÝ CHRÁM) E4

Die Kirche wurde von Bürgern im frühen Mittelalter selbst finanziert. Schon aus diesem Grund war sie eine Rivalin des Veitsdoms, der im kaiserlichen Auftrag auf Staatskosten erbaut worden war. Als Zentrum der Utraquisten trug diese gotische Marienkirche statt des Kreuzes den Hussitenkelch. Das 1365 begonnene und 1385 im Rohbau fertige Gotteshaus erweiterte sich in jedem Jahrhundert um ein Dach, einen Turm oder einen Giebel, bis 1819 ein Feuer beinahe alles vernichtet hätte. Der Wiederaufbau von 1835 prägt das heutige Aussehen: außen schroff ohne Schnörkel, innen nüchtern sachlich. Rechts neben dem Altar befindet sich die Grabplatte von Tycho Brahe († 1601). Der dänische Astronom wirkte neben Johannes Kepler am Hof Rudolf II. Und noch eine Besonderheit gibt es: das Grabmal von Simon Abeles, einem jüdischen Knaben, der 1694 von seinem Vater ermordet wurde, weil er Jesuit werden wollte. Seine Leiche wurde zuerst heimlich beerdigt, später exhumiert und römisch-katholisch in der Teynkirche beigesetzt. Die Geschichte schrieb der »rasende Reporter« E. E. Kisch auf.

Staroměstské náměstí 14 | Metro: Náměstí Republiky | www.tyn.cz | März–Dez. Di–Sa 10–13, 15–17, So 10–12 Uhr | statt Eintritt wird eine Spende erwartet

Die beiden Türme der Teynkirche mit jeweils acht Fialen dienten auch als Beobachtungsposten für Feuerwehr und Stadtwache.

❼ TEYNHOF/UNGELT (TÝNSKÝ DVŮR) E4

Der alte kaiserliche Zollhof ist heute ein reizvoller Komplex mit einem weiten Innenhof, zwei Toren und umliegenden engen Gassen. Der Name »Ungelt« stammt aus dem Deutschen für Unkosten und Geld, womit man den Zoll bezeichnete. Die Kaufleute und Handelskarawanen kamen bis aus dem Orient. Für diese wurde ein Hospital sowie eine Kirche errichtet. Dem bunten Treiben entsprangen etliche Legenden, vom »Kopflosen Templer« bis zum »Türken von Ungelt«, den man als leuchtendes Skelett gesehen haben will, wie er durch die Nächte geisterte. Den Renaissancepalast mit toskanischer Arkadenloggia im Hof ließ Graf Jakob Granovský 1560 erbauen, der als oberster Zollverwalter überaus vermögend war.

Besuchenswert ist das **Haus zum goldenen Ring (Dům u zlatého prstenu)**. Es gehört zum Ungelt-Karree. In dem Museum liegt der Fokus auf der Darstellung Prags als Europas Großbaustelle des Mittelalters.

Týnská 6 | Metro: Náměstí Republiky | www.muzeumprahy.cz | Di–So 9–20 Uhr | 150 Kč, erm. 60 Kč

8 KAROLINUM E4

Das älteste heute noch repräsentative und fürs Rektorat genutzte Universitätsgebäude, das an dem gotischen Erker zu erkennen ist, rief Kaiser Karl IV. im Jahr 1348 als erste Hochschule Mitteleuropas ins Leben. Damals hatte es Fakultäten für theologische Philosophie, Jura, Medizin und die sieben freien Künste. Ausstellungen zur Zeitgeschichte gibt es in den Gewölbesälen.

Ovocný trh 3–5 | Metro: Můstek | www.cuni.cz

9 KUBISMUSMUSEUM (ČESKÝ KUBISMUS) IM HAUS ZUR SCHWARZEN MUTTERGOTTES (DŮM U ČERNÉ MATKY BOŽÍ) E4

Weltweit einzigartig. Auf Kubismus als Stilrichtung führte Prag sein Monopol. Auf einen Nenner gebracht, war es die »Kunst der Kristallisierung«. Alles bekam scharfe Kanten: Gebäude, Möbel, Malerei, Design, Glas und Porzellan. Im Shop Kubista lässt sich einiges davon kaufen, was man oben im Museum sah. Vergleichbares findet sich sonst nirgendwo.

Ovocný trh 19, Haus zur Schwarzen Muttergottes | Metro: Náměstí Republiky | www.czkubismus.cz | Shop: www.kubista.cz | Di 10–19, Mi–So bis 18 Uhr | Eintritt 150 Kč, erm. 80 Kč

10 KÖNIGSWEG (KRÁLOVSKÁ CESTA) D4

Als solcher ist er auf keiner Karte verzeichnet. Diesem Weg, heute Zentralachse des Prager UNESCO-Weltkulturerbes, folgten einst die Krönungsprozessionen: vom Pulverturm, wo damals der alte Königshof stand, über die Karlsgasse durch die beiden mittelalterlichen Tore der Karlsbrücke bis hinauf zum Veitsdom am Hradschin. Von 1086 bis zuletzt 1836 waren es insgesamt 26 Herrscher, darunter auch Karl IV., Wenzel IV., Rudolf II. und Maria Theresia.

Das meistfrequentierte »Touristenpflaster« Prags kommt auch nachts nicht zur Ruhe. Trotzdem haucht einen in der Dunkelheit so manches Haus mit seiner Mystik an. Im Haus Nr. 4 »**Zur französischen Krone**« wohnte von 1607 bis 1612 der Astrologe Johannes Kepler. Das im Auftrag für Albrecht Valdštejn (Wallenstein) erstellte Horoskop bekam der Feldherr

des Dreißigjährigen Krieges nicht. Die Berechnung sagte näm-
lich sein Todesdatum voraus, das später auf den Tag genau ein-
getreten ist. Durch das Kepler-Haus führt eine altstädtische
Passage. Wer dem Andrang entkommen will, findet hier einen
Fluchtweg zum Anna-Platz (Annenské náměstí), wo man von
ruhender Beschaulichkeit empfangen wird.

Der Königsweg führt über: Celetná, Altstädter Ring (Staroměstské
náměstí), Kleiner Ring (Malé náměstí), Karlova, Karlsbrücke, Mostecká,
Kleinseitner Ring (Malostranské náměstí), Nerudova, Ke Hradu (Burg-
rampe), Hradčanské náměstí | Metro: Staroměstská (Ausgangspunkt) |
www.kralovskacesta.cz

⓫ PALAIS CLAM-GALLAS (CLAM-GALLASŮV PALÁC) D4

Das Palais zählt zu den bedeutendsten Barockjuwelen Prags.
Die beiden muskulösen Atlanten am Portal schuf Matthias
Bernhard Braun, der bedeutende Bildhauer der schönsten
Steinheiligen (Vision der hl. Luitgard) auf der Karlsbrücke.
Den Palaisbesitzer, Marschall Graf Clam-Gallas, Vize-König
von Neapel, verließ bei diesem Prachtbau (1713) das Glück. Er
machte Pleite, nachdem ihm misslang, Textilmanufakturen aus
England in Böhmen anzusiedeln. Alljährlich zum Karneval
leuchten die Festsäle in schillernder Pracht wieder: beim königlichen Kristallball (auf YouTube zu sehen). Es gibt Ausstellungen von verschiedenen Veranstaltern.

Husova 20 | Metro: Staroměstská | www.wussin.cz | Info, Ausstellungen:
www.ahmp.cz | Di–So 10–18 Uhr

MERIAN EMPFEHLUNG

⓬ PALAIS COLLOREDO-MANSFELD (COLLOREDO-MANSFELDSKÝ PALÁC) D4

Hier macht man eine einzigartige Erfahrung mit einem Palais.
Es ist kein Museum. Beim Rundgang zeigen sich die Räume
ungeschminkt, in einem Zwischenstadium aus Vergangenheit
und Gegenwart. Patina an den roten Brokattapeten, vergilbte
Wandmalerei, blinde Spiegel, ein Saal mit verschwundenem

Wegen der Papststatuen an der St.-Salvator-Kirche wird der Kreuzherrenplatz auch »Wohnzimmer des Heiligen Geistes« genannt.

Glanz, und trotzdem spürt man die einstige Pracht. Man fühlt den Puls des damaligen adligen Lebens und den Wandel danach. Die historische Dokumentation beschränkt sich auf einige Schlüsseldaten. Beim Fensterblick steht man auf Augenhöhe mit der Staffage der Papststatuen auf der Salvatorkirche. Der Rummel von der Karlsgasse (Karlova) verflüchtigt sich in der stehengebliebenen Zeit.

Karlova 2 | Metro: Staroměstská | www.ghmp.cz | Di–So 10–18, Nov. bis März bis 16 Uhr | 60 Kč, erm. 30 Kč

⓭ KREUZHERRENPLATZ (KŘIŽOVNICKÉ NÁMĚSTÍ) D4

Der Platz ist sakrosankt, also derart hochheilig, dass man vom »Wohnzimmer des Heiligen Geistes« spricht. Flankiert von der **St.-Franziskus-Kirche** des Kreuzherrenordens und der **St.-Salvator-Kirche**, bildet sich ein herrlich harmonischer, geometrisch bemessener urbaner Raum, abgeschlossen mit dem **Altstädter Brückenturm** als Tor zur Karlsbrücke. Fast mittig erhebt sich die bronzene **Statue von Karl IV**. Die Enthüllung musste 1848 wegen Unruhen verschoben werden, weil das Denkmal von den deutschsprachigen Studenten sowie

Professoren der Karlsuniversität gestiftet wurde. In Prag fand zugleich der erste panslawische Kongress statt. Die Behauptung, dass die Tschechen und Deutschen miteinander in Prag friedlich koexistierten, war nur eine Mär. Der ausgebrochene Pfingstaufstand 1848 wurde durch den österreichischen Fürsten von Windisch-Graetz ausgerechnet an der Karlsbrücke brutal blutig niedergeschlagen. Doch die patriotische »Wiedergeburt der tschechischen Nation« (Národní obrození) war nicht mehr aufzuhalten.

Metro/Tram: Staroměstská

⑭ CLEMENTINUM (KLEMENTINUM) D4

Nach dem Hradschin ist das Clementinum der zweitgrößte Gebäudekomplex in Prag. Zwischen 1653 und 1723 musste dafür ein ganzer Stadtteil weichen. Das Kloster diente zuerst als Geheimdienstzentrale der Jesuiten, um das ketzerische Tschechenvolk zum katholischen Glauben zu bekehren. Später erhielt der Komplex den Rang einer Universität, wofür die zweitgrößte Bibliothek Europas (die größte befand sich in der Pariser Sorbonne) angelegt wurde. Legendär für die katholische *reconquista* ist die Verbrennung der protestantischen Bücher im Hof von 1720 bis 1733. Der Initiator, Pater Conius (Koniáš), soll an die 30 000 Exemplare eigenhändig ins Feuer geschmettert haben und erlangte berüchtigte Berühmtheit, sogar in einem Sprichwort verwurzelt: »Tobt wie Pater Conius.«

Die Kirchen des **hl. Clemens** und **hl. Salvator** sowie die **Welsche (italienische) Kapelle**, die dem Komplex angeschlossen ist, gelten als Juwel des Hochbarocks. Sie stammen von Kilian Ignaz Dientzenhofer, inspiriert durch ähnliche Sakralbauten in Rom. Den Kirchturm, 68 m, benutzten die Jesuiten als Sternwarte (besuchbar). In der grandiosen Barockbibliothek stehen unter prachtvollen Deckenfresken geografisch-astrologische Globen. Im Spiegelsaal und in den Kirchen finden regelmäßig Konzerte statt. Die Programme werden plakatiert.

Křížovnická 4, 2. Eingang: Marianské náměstí 5 | Metro: Staroměstská | www.klementinum.com | So–Do 10–18.30, Fr, Sa bis 19, Nov.–März bis 17.30 Uhr | Eintritt (Kloster) 300 Kč, erm. 200 Kč

IM VORBEIGEHEN ENTDECKT

🅖 MANN GOTTES VERSUS »NACKTE TEREZKA« D4

Wie eine Kulisse aus »Game of Thrones« erhebt sich das Neue Rathaus, Sitz des Magistrats der Stadt Prag und des Oberbürgermeisters, am Marienplatz. Gut ein Dutzend Statuen stehen hier Wache. An der südlichen Ecke lehnt eine unheimliche Gestalt hinaus. Der wuchtige Mantel flattert, die Kapuze, die tief in die Stirn gezogen ist, verdeckt das Gesicht. Eine jüdische Saga erklärt, was da vor sich geht. Es ist Rabbi Löw, der heilige Schriften in den Händen hält. Seinen Blick auch nur kurz zu heben, traut er sich nicht, weil ihm der Tod als Strafe droht, sollte er einer weltlichen Versuchung erlegen. Die lauert gleich gegenüber auf der anderen Straßenseite. Eine schöne Frau gießt, auf einem Steinhaufen sitzend, aus dem Krug Wasser in den Brunnen. Das ist die »nackte Terezka« als Allegorie für die Moldauquelle. Im Rathaus verkehrt außerdem ein alter Paternoster. Damit zu fahren macht Spaß.

Mariánské náměstí 3 | Metro: Staroměstská

🅗 BETHLEHEMSKAPELLE (BETLÉMSKÁ KAPLE) D4

In dieser Kapelle predigte zwischen 1402 und 1413 Religionsreformer Jan Hus. Nach seinem Märtyrertod beim Konzil in Konstanz 1415 auf dem Scheiterhaufen brach der nach ihm benannte Hussitenaufstand aus. Auch die Kapelle brannte aus. Die Jesuiten ließen die Ruine 1786 abreißen, um diesen »Ketzerherd« endgültig auszulöschen. Erst im Jahr 1952 wurde die Kapelle originalgetreu nachgebaut, um die Hussiten als »Kommunisten des Mittelalters« zu feiern. Karg und schlicht, fasst sie etwa 3000 stehende Menschen. Der wunderbare Bethlehemplatz ist gesäumt von historischen Häusern. Aber man sollte sich in Acht nehmen, denn laut Legende spukt es nach Mitternacht. Kein Wunder, einst erstreckte sich an dieser Stelle ein Friedhof.

Betlémské náměstí 5 | Metro: Národní | www.bethlehemchapel.eu | tgl. 9–18.30 Uhr

Schnörkellos und schlicht präsentiert sich die Bethlehemskapelle, als Wandschmuck dienen u. a. die Texte hussitischer Lieder.

🄗 AGNESKLOSTER (KLÁŠTER SV. ANEŽKY ČESKÉ) E3

Vom frühen Mittelalter umgeben, entdeckt man hier eine spirituelle Oase. Im Konvent der Klarissinnen, gegründet 1230 durch die hl. Agnes, Schwester des Přemysliden Königs Wenzel I. (der »Einäugige«), kann man im wahrsten Wortsinn entschleunigen. Die Klostergänge und die Kirche, die dank der etwas entlegenen Lage am rechten Moldauufer kaum von Touristen frequentiert werden, beeindrucken durch ihre ästhetisch harmonische Architektur. Im Bildhauergarten überrascht eine Schädelskulptur: die größte der Welt, noch ein Prager Superlativ, geschaffen von Jaroslav Róna.

U milosrdných 17 | Metro/Tram: Náměstí Republiky | www.ngprague.cz | Garten So–Do 10–22, Fr, Sa bis 24, Okt.–März tgl. 10–18 Uhr

NATIONALGALERIE – AGNESKLOSTER, GALERIE

Die Galerie bringt den Besuchern das Leben im Mittelalter näher: religiös, politisch und wirtschaftlich. In der Ausstellung der »Schönen Madonnen« fühlte sich Papst Johannes Paul II. an seine Jugendliebe erinnert (→ S. 78). Übrigens: Die Äbtissin Agnes wurde erst im Jahr 1989 heiliggesprochen. So langsam gehen die Uhren im Vatikan. Passend zu den gotischen Räumen wird die böhmische Altarmalerei von 1200 bis 1550 präsentiert. Es werden Tafelbilder des Meisters Theodorikus präsentiert, der oft

Anmut, Güte und Lob der göttlichen Schöpfung – die Madonnen haben vielerlei symbolische Bedeutung.

IM AGNESKLOSTER ERINNERTE SICH PAPST JOHANNES PAUL II. AN SEINE JUGENDLIEBE

Die schönen Madonnen

Was für Paris im Louvre die »Mona Lisa« bedeutet, bietet in Prag das Agneskloster: ein rätselhaftes Lächeln der geheimnisvollen Art. Eine europaweit einmalige Sammlung von Madonnen wartet auf Bewunderer. Gut 500-jährig sind sie, also aus der Zeit zwischen 1200 und 1550, aber sie wirken jugendlich, mit Gesichtern voll zeitloser Anmut. Sie sind aus Holz geschnitzt, in Stein gemeißelt oder als Gemälde verewigt. Die Räume, in denen sie die Besucher »anlächeln«, sind in einem edlen Grauton gehalten. Über das Ambiente streiten sich schon mal die Experten. Manche halten die Wände für zu dunkel und zu düster, andere empfinden die punktuelle Beleuchtung als magisch-mystisch, zur spirituellen Betrachtung anleitend.

Es dauert eine Weile, bis man sie sortiert hat und die Unterschiede erkennt: **Regina und Beata**. Štěpánka Chlumská, Kuratorin im Agneskloster, erklärt die zwei charakterisierenden Merkmale: »Die mit der Krone ist Regina. Als Königin symbolisiert sie die göttliche Macht. Das Kopftuch kennzeichnet die

Madonna in der natürlichen Mutterrolle, das ist Beata.« Die Meister, die diese figuralen Werke ausführten, arbeiteten ohne Ego, strebten nicht nach einem individuellen Stil. Sie verstanden sich auch nicht als Künstler, sondern hielten sich nur für Handwerker. Ihre Darstellungen ordneten sich der Kirche und den Königen als Auftraggeber unter.

Gefühle traten erst später auf. »Von anfänglich noch starrer Haltung führte die Entwicklung hin zu weicherer Pose. Die Figur des Hochmittelalters, Beata, trat in den Vordergrund. Sie verinnerlichte ihre **Güte und Mütterlichkeit**, wie die Ausstellung verdeutlicht. Auch schwangere Madonnen tauchten auf, was das Wunder der göttlichen Schöpfung visualisierte.« Und noch etwas änderte sich mit der Zeit: »Beata trug das Jesuskind nicht mehr wie einen Gegenstand im Arm, sondern mit zärtlicher Behutsamkeit als ein Lebewesen aus dem eigenen Fleisch und Blut. Hand und Finger pressten sich mit sichtbarem Druck an den Körper des Kindes«, erläutert die Expertin Chlumská. Mehr über die Madonnen lässt sich in ihrem Kunstbuch nachlesen. Folgender Satz bleibt auf jeden Fall hängen: »In einem Religionslied wurde das Verhältnis zwischen Mutter und Kind ähnlich wie bei einem Liebespaar gedeutet.«

> »Die stillende Madonna stand für die Übergabe der göttlichen Weisheit.«
> Štěpánka Chlumská, Kuratorin im Agneskloster.

Die Madonnen wurden immer schöner, persönlicher, weltlicher. Bis die Kirchenobrigkeit Argwohn schöpfte, es könnte sich ein erotischer Faktor einschleichen und die Madonna als Verführerin würde die Gläubigen von Gott ablenken. Die **kirchliche Zensur** schritt ein, und die Richtlinien der Darstellungen wurden verschärft. Als Folge typisierte sich der Gesichtsausdruck einheitlich wie eine Maske. Doch in der Agnesgalerie überwiegt die Schönheit. Als **Papst Johannes Paul II.** zu Besuch kam, zeigte er sich von der Sammlung hingerissen. Eine Madonna hätte ihn an seine Jugendliebe erinnert: »Wunderschön«, stieß er einen Seufzer aus. Dass er sich aber nicht für eine Frau, sondern für Gott entschied, hätte er nie bereut, korrigierte er gleich seine Schwärmerei.

mit Giotto gleichgestellt wird. Im Fokus stehen aber ebenso Lucas Cranach der Ältere, Albrecht Altdorfer sowie ein unbekannter Meister mit den Initialen IP.

Di–So 10–18, Mi bis 20 Uhr | Eintritt 220 Kč, erm. 120 Kč

2 MERIAN EMPFEHLUNG

⑱ »BERMUDA-DREIECK« (BERMUDSKÝ TROJÚHELNÍK) E3

Jeder kennt hier noch jeden, es ist wie ein Dorf mit wunderbaren Jugendstilstraßen. Hier kann man ziellos umherstreifen, in Galerien, Boutiquen, kleine Museen hineinschauen, moderne Lokale entdecken, sich in versteckte Hinterhofcafés verirren. Es gibt so viele Weinstuben, Clubs und Bars, dass man leicht den Überblick verlieren kann. Der Scherzname »Bermuda-Dreieck« kommt nicht von ungefähr.

Straßen zw. Haštalská-, Kozí-, Dlouhá-Straße | Metro: Náměstí Republiky

⑲ SPECULUM ALCHEMIAE (SPIEGEL DER ALCHEMIE) E3

Das größte Geheimnis dieser Werkstatt war das Elixier der ewigen Jugend: 77 Kräuter, Alkohol und eine Beschwörungsformel aus Wörtern Gottes. Die Wirkung lag wohl am Opium. Mehr erfährt man in diesem unterirdischen Alchemielabor aus der Zeit von Kaiser Rudolf II. In dem Haus soll auch Rabbi Löw, der Schöpfer von Golem, gewohnt haben (→ S. 82).

Haštalská 1 | Metro: Náměstí Republiky | www.alchemiae.cz | tgl. 10 bis 18 Uhr | Eintritt 200 Kč, erm. 150 Kč

⑳ KUNSTGEWERBEMUSEUM (UMĚLECKO-PRŮMYSLOVÉ MUZEUM) D4

Form, Farbe, Funktion. Das faszinierende Jahrhundert von Mode, Möbel, Dekors, Glas, Keramik. Temporäre Präsentationen aus 16 000 Exponaten. In den Art-déco-Räumen zeigt sich der Traum von perfekter Gesamtkunst besonders eindrucksvoll.

Ulice 17. listopadu 2 | Metro/Tram: Staroměstská | www.upm.cz | Di 10–20, Mi–So 10–18 Uhr | Eintritt 300 Kč, Kinder, Senioren 150 Kč

![Malerische Gassen führen in der Josefstadt zur Altneu-Synagoge.]()

Malerische Gassen führen in der Josefstadt zur Altneu-Synagoge. Der älteste Teil des Gebäudes stammt aus dem 13. Jh.

㉑ JOSEFSTADT (JOSEFOV) D3

Hier befinden sich der älteste jüdische Friedhof und die älteste Synagoge in Europa, außerdem stehen noch weitere fünf Synagogen in der jüdischen Stadt. Doch es gab noch mehr: Sechs Synagogen sind im Laufe der Zeit verschwunden, und das Getto wurde saniert. Nur die Legenden, welche die Straßen markieren, versiegen nie. Golem als Symbolfigur lebt. Sein Schöpfer Rabbi Löw wird verehrt (→ S. 82).
Nicht vergessen: Am Samstag ist Sabbat. Dann ruft der Herr zum Gottesdienst, und die jüdischen Sehenswürdigkeiten bleiben geschlossen. Respekt ist angebracht.
Maiselova 18 | Metro: Staroměstská | www.kehilaprag.cz

㉒ ALTNEU-SYNAGOGE (STARONOVÁ SYNAGOGA) D3

Es handelt sich um einen frühgotischen Bau, der um 1270 entstanden ist. Erbaut wurde die Synagoge von den Benediktinermönchen, die auch das Agneskloster errichteten. Juden war es

Golem – das Mysterium der Angst

Das Verschwinden der Gegenwart funktioniert. Unverändert steht in der Haštalská-Straße Nr. 1 auf Fundamenten von 870 seit 1412 ein Haus. Nur die Fassade wurde 1687 barockisiert. Das Anwesen ist eines der ältesten in Prag. Bei der Sanierung der jüdischen Stadt 1882 zum Abriss freigegeben, hätten es angeblich geheime Kräfte gerettet. Im August 2002 wurde Prag von einer Jahrhundertflut heimgesucht. Ganze Stadtteile wurden überschwemmt, und im jüdischen Viertel brach die Haštalská-Straße unter den Wassermassen ein. In dem Kraterloch kam ein verschollen geglaubtes, unterirdisches Labor zum Vorschein. Ein Investor organisierte daraus das bemerkenswerte Privatmuseum **Speculum Alchemiae** (Spiegel der Alchemie, → S. 80).

Golem grüßt als Türsteher: grobschlächtig aus Lehm geformt, die Brust mit Metallklammern verschlossen wie Frankenstein, zwei tiefe Gruben im Gesicht ohne Augen, auch der Mund fehlt. Zum Leben erweckt wurde das Monster erst mit einem Schem, der den Namen Gottes enthielt. Diese Zauberformel ins Stirnloch geschoben, war Golem zum Dienst bereit und erledigte Aufträge. Doch an einem Sabbat (Samstag), an dem nach jüdischem Religionsgesetz alles zu ruhen hat, vergaß Rabbi Löw, das Zauberröllchen aus seiner künstlichen Kreatur herauszunehmen. Der Diener wurde zum bösen Herren. Außer Kontrolle geraten, vernichtete er alles, was ihm im Wege stand. Dem alarmierten Rabbi gelang es gerade noch, die Zerstörung des Gettos zu verhindern. Er zertrümmerte seine Schöpfung. Golems Scherben liegen laut Legende sicher versteckt in der **Altneu-Synagoge** (→ S. 81).

Im Museum beginnt eine Zeitreise. In den Regalen liegt das alchemistische Instrumentarium: Gläser, Kannen, Mörser, Stößel. Auf dem Tisch in der Forscherstube sind dicke Wälzer aufgeschlagen, ausgestopfte Eulen, präparierte Echsen und Schlangen kriechen zwischen den Folianten hervor. In dem

Zu sehen im Speculum Alchemiae: Auf der Suche nach dem Elixier des Lebens wurden neben Kräutern und Alkohol auch Drogen beigemischt.

400 Jahre alten Lüster verfangen, grinst ein Konterfei. Hörner wie die des Teufels, aber es ist Moses, im Talmud als Vermittler zwischen Himmel und Erde beschrieben. Hinter einer massiven Eichentür öffen sich die Katakomben. In geheimnisvollen Gläsern und Töpfen blubbert es. Totenköpfe sehen aus wie Aliens.

Die Toleranz der okkulten Wissenschaften im Judaismus stellte für Prag eine Begünstigung dar, um Europas Zentrum der Alchemisten, Spiritisten und Astrologen zu werden. Edward Kelley, John Dee sowie Tycho Brache wirkten in diesen Gemäuern. Das größte Geheimnis dieser Werkstatt war das Elixier der ewigen Jugend aus Kräutern und Alkohol. Die Wirkung lag wohl am Opium. Zu den Konsumenten zählte auch Kaiser Rudolf II. Er kam in dieses Haus, um sich die Droge zu besorgen. Sein Pfeifchen gehört zu den Exponaten. Dass auch Rabbi Löw, Schöpfer von Golem, hier gewohnt haben soll, bezweifelt man nicht. In dieser Stunde der Magie lässt sich alles glauben. Auch Kaiser Rudolf II. fiel hier auf den Schwindel herein, dass sich Gold aus Kuhmist herstellen lässt. Doch so mancher der Alchemisten landete dann als Betrüger im Kerker (auch Kelley), als der Kaiser wieder aus seinem Rausch erwachte.

Vor über 400 Jahren wurde Rabbi Löw auf dem Alten Jüdischen Friedhof beigesetzt. Sein Grabmal markiert ein Löwenrelief.

verboten, sich als Baumeister zu betätigen. Als eine der ältesten Synagogen Europas dient die Altneu-Synagoge nach wie vor den Gottesdiensten. Man steigt einige Stufen hinunter, gemäß dem Glaubensbekenntnis über dem Eingang: »Aus der Tiefe rufe ich zu dir empor, mein Herr!« Laut Legende hat Rabbi Löw am Dachboden die Scherben von Golem versteckt, nachdem er das Lehmmonster zerstört hatte.

Červená 2 | Metro: Staroměstská | www.synagogue.cz | April–Okt. So–Fr 9–18, Nov.–März bis 17 Uhr | Eintritt 200 Kč, erm. 140 Kč

㉓ JÜDISCHES RATHAUS (ŽIDOVSKÁ RADNICE) D4

Im Rokokostil erbaut, fällt gleich am Turm, 5 m hoch, ins Auge: Ein Ziffernblatt ist mit hebräischen Zahlen versehen, und die Zeiger gehen verkehrt herum. Dies inspirierte Guillaume Apollinaire beim Pragbesuch 1902 zu seinem Lazarus-Gedicht: »In welche Richtung auch immer, egal, die Zeit läuft ab. Erst in der Ewigkeit bleibt sie stehen, angehalten vom Tod.«

Maiselova 18 | Metro: Staroměstská | www.kehilaprag.cz (auch mit Informationen für Touristen)

㉔ KAFKA-DENKMAL D3

Der doppelte Franz: Die Statue ist 3,75 m hoch und wurde im Jahr 2003 enthüllt. Ein kleiner Mann mit Hut sitzt im Nacken eines größeren, kopflosen Mannes, seine Mantelärmel sind leer. Der Bildhauer Jaroslav Róna wurde von der 1903 entstandenen Novelle Kafkas »Beschreibung eines Kampfes« inspiriert. Die Zeile lautet: »Schon sprang ich mit ungewohnter Geschicklichkeit meinem Bekannten auf die Schultern und brachte ihn dadurch, dass ich meine Fäuste in seinen Rücken stieß, in einen leichten Trab […].«

Dušní 12 | Metro: Náměstí Republiky | www.kafka-prag.de

㉕ ALTER JÜDISCHER FRIEDHOF (STARÝ ŽIDOVSKÝ HŘBITOV) D3

Ein Ort, der Franz Kafka faszinierte. Der älteste Grabstein stammt aus dem Jahr 1434 für Rabbi Abigdor Kara, der jüngste aus dem Jahr 1787 für die jüdische Tänzerin Mahalath. Insgesamt gibt es etwa 12 000 Stelen und um die 100 000 Tote auf einer Fläche, die kaum größer als ein Fußballfeld ist.

Široká 3 | Metro: Staroměstská | www.jewishmuseum.cz | April–Okt. 9–18, Nov.–März bis 16.30 Uhr, Sa (Sabbat) geschl.

GRABMAL VON RABBI JEHUDA BEN LIWA BEZAHEL LÖW (1525–1609)

Das Grabmal ist nur eine Kopie, das verwitterte Original wird in der Maisel-Synagoge aufbewahrt. Der Gelehrte, Talmudist, Prediger und Philosoph wurde öfter von Rudolf II. auf die Burg bestellt, »wo sich der Kaiser mit Rabbi Löw von Angesicht zu Angesicht stundenlang unterhielt«. Ein weiterer Grund für die Besuche: In der jüdischen Stadt wurde der erste Schnaps in Prag gebraut. Der Alkoholgenuss hatte sogar einen religiösen Hintergrund: »Gott freut sich über die Freude der Menschen«, verkündete Rabbi Löw, der selbst als Schnapsbrenner tätig war. Und warum steht sein Grabstein schief? Sein Enkel wollte unbedingt neben seinem Großvater ruhen. Aus Platzmangel schob man Löws Grabplatte etwas beiseite.

㉖ PINKAS-SYNAGOGE (PINKASOVA SYNAGOGA) D3

Als zweitältester Bau der jüdischen Stadt wurde die Synagoge 1535 für den jüdischen Kaufmann Pinkas Horovicz als sein privates Gebetshaus errichtet, auch mit Bad (*mikve*). In den Jahren 1954–1959 wurde sie zur Gedenkstätte an die Holocaustopfer umgewandelt. In kaum vorstellbar akribischer Arbeit wurden die Namen von 77 297 durch Nazis ermordeten Juden in die Wände eingeritzt, für die kein Grab existierte. Als Prager Yad Vashem ist es ein Ort der tiefen Besinnung (→ S. 88).

Široká 3 | Metro: Staroměstská | www.jewishmuseum.cz | So–Fr 9–18, Okt.–März 9–16.30 Uhr

㉗ SPANISCHE SYNAGOGE (ŠPANĚLSKÁ SYNAGOGA) D3

Granada als Vorbild. Dass man sich bereits auf »christlichem Boden« bewegt, beweist die Orgel. Sie ist eine von zwei Orgeln in einer Prager Synagoge. Erleben Sie hier einen Abend mit Klezmermusik, einem Geigenkonzert jüdischer Weltstars oder mit den Melodien George Gershwins.

Vězeňská 1 | Metro/Tram: Staroměstská | www.jewishmuseum.cz | So–Fr 9–18, Okt.–März 9–16.30 Uhr | Karten für Konzerte: www.bohemiaticket.cz

㉘ MAISEL-SYNAGOGE (MAISELOVA SYNAGOGA) D4

Mordechaj Maisel (1528–1601) erhielt als Hofbankier des Kaisers Rudolf II. das Privileg des Geldverleihens gegen Schuldverschreibungen. Er hielt es für eine Gunst Gottes und dankte es mit Mäzenatentum für seine Gemeinde. Nach ihm ist auch die wichtigste Straße der jüdischen Stadt benannt. Seine Maisel-Synagoge wurde 1905 im neogotischen Stil zum Museum umgestaltet. Interessant sind die silbernen »Zeigestäbe«: Händchen mit ausgestreckten Fingern, die zum Umblättern der Thoraseiten verwendet werden, weil der Lesende sie nach jüdischem Religionsgesetz nicht mit der Hand berühren darf.

Maiselova 10 | Metro/Tram: Staroměstská | www.jewishmuseum.cz | So–Fr 9–18, Okt.–März 9–16.30 Uhr

Die ornamentale Pracht erinnert an die Alhambra: Die Spanische Synagoge ist das jüngste, größte und schönste Gotteshaus der Jüdischen Gemeinde in Prag und wurde im 19. Jh. im maurischen Stil erbaut.

㉙ KLAUSEN-SYNAGOGE (KLAUSOVA SYNAGOGA) D3

Die Bezeichnung leitet sich vom Lateinischen *claustrum* für Haus ab. Ursprünglich standen hier 1694 drei Häuser für Talmudschule, Synagoge und Krankenstation. Heute ist die Synagoge ein Museum der jüdischen Bräuche.

U starého hřbitova 3 | Metro/Tram: Staroměstská | www.jewishmuseum.cz | So–Fr 9–18, Okt.–März 9–16.30 Uhr

㉚ ZEREMONIENHALLE (OBŘADNÍ SÍŇ) D3

Hinter der pseudogotischen Burgfassade verbirgt sich das Geheimnis der Begräbnisbruderschaft (Chewra Kadischa). Die Mitglieder begleiteten den Sterbenden, pflichtgemäß nach dem jüdischen Kult, in seinen letzten Stunden bis zum Tod. Die Ausstellung widmet sich auch der Medizin im Getto, die für damalige Zeit fortschrittlich war.

U starého hřbitova 3 | Metro/Tram: Staroměstská | www.jewishmuseum.cz | So–Fr 9–18, Okt.–März 9–16.30 Uhr

Das Haus des Lebens

Eine Straße der Synagogen, 12 000 »wandernde Grabsteine« sowie eine seltsame Uhr am Rathausturm. Am Ziffernblatt gehen die Zeiger rückwärts. Auf Hebräisch wird auch von links nach rechts gelesen. Josefov, zu deutsch Josefstadt, das 1850 posthum zu Ehren von Kaiser Joseph II. umbenannte jüdische Viertel Prags, zog sogar Michelle Obama an. Die Presse im Schlepptau betrat die First Lady die **Pinkas-Synagoge** (→ S. 86). Buchstaben in Schwarz-Rot kerben die weißen Wände ein. Endlose Namensreihen erinnern an 80 000 Opfer des Holocausts in Böhmen und Mähren. Hinter dieser Gedenkstätte liegt der **Alte Jüdische Friedhof** (→ S. 85), ein Feld kaum größer als ein Fußballplatz. Die Grabmäler lehnen ineinander versunken wie Bücher in einem zerbrochenen Regal. Von 1439 bis 1786 wurden hier Gebeine von schätzungsweise mehr als 100 000 Menschen bestattet. Ein jüdisches Grab darf nach Halacha, dem jüdischen Religionsgesetz, niemals aufgelöst werden. Bei Platzmangel kommt eine Erdschicht auf die nächste. Der Gang zwischen den Grabmälern gleicht einem Besuch bei den Urahnen im Jenseits. Daher heißt der Friedhof im Hebräischen auch *Beth-Chaim*, was übersetzt »das Haus des Lebens« bedeutet.

Jedes Grabmal rührt das Herz. Bei Rabbi Löw erwacht das sagenumwobene Monster Golem auch mit der Erinnerung an die Pogrome. In seiner Figur wurde der Wunsch nach einer mythischen Schutzmacht für die jüdische Gemeinde verklausuliert.

Man sieht keine Blumen, sondern kleine Kieselsteinchen auf den Gräbern. Dieser Brauch erinnert an den Auszug des Volkes Israel aus Ägypten in die Wüste, als man die unterwegs Verstorbenen unter Steinhaufen begrub. Die kleinen Papierzettel (auf Hebräisch *kvitel*), die gefaltet oder gerollt in die Steinritzen gesteckt wurden, enthalten Wünsche oder Botschaften ins Jenseits.

Pinkas-Synagoge: An der Wand 80 000 Namen von im Holocaust ermordeten Juden.

Die **jüdischen Museen** treffen gegenwärtig den gereizten Nerv unserer Zeit. Weltweit herrscht ein Besucherboom. Doch während die meisten dieser Museen neu entstanden und keine echten jüdischen Einrichtungen sind, zeigt Prag authentisch, wie die Juden lebten. Der Ursprung ist paradox. Der Massenmord an Juden war bereits in vollem Gang, als die Nationalsozialisten in Prag das »Museum einer untergegangenen Rasse« mit etwa 100 000 Objekten errichten ließen. Am 6. April 1943 eröffnet, sollte die Ausstellung »Jüdisches Leben von der Wiege bis zum Grab« beweisen, dass es sich bei den Juden um ein barbarisches Volk handelt. Nach dem Krieg erfolgte durch das kommunistische Regime eine Verstaatlichung. Der Umgang mit dem Schatz war nicht zimperlich. Noch in den 1980er-Jahren wurden etliche historische jüdische Grabsteine zersägt und als Pflastersteine verwendet. Nach der Wende 1990 erhielt die jüdische Gemeinde alle ihre Objekte zurück.

Jüdisches Leben gab es auch außerhalb der Josefstadt. Im Arbeiterbezirk Libeň steht die **Neue Synagoge** (Nová libeňská synagoga, Ludmilina 4). Außen schon schäbig heruntergekommen, entfesselt innen eine dichte Atmosphäre starke spirituelle Emotion. Die Vergänglichkeit markieren die abgeschabten Wände. Auf alten Kino-Klappstühlen sitzend, wähnt man sich wie in einem alten Film. Und weit und breit kein Tourist zu sehen. Die lange Anreise ist es wert.

Essen und Trinken

① *Hummerflug über dem Altstädter Ring*
TERASA U PRINCE (ZUM PRINZEN) D4

Blick auf Rathausturm und Teynkirche, (fast) zum Greifen nahe liegt unten der Altstädter Ring wie auf dem Tablett. Was vom Grill kommt, erfreut den Gaumen. Steaks, Meeresfrüchte sind knusprig, resch, saftig und das Gemüse knackig. Die Dachterrasse gehört zu den 15 besten der Welt und ist ganzjährig offen, im Winter wird mit Heizstrahlern gewärmt.

Staroměstské náměstí 29 | Metro: Můstek | Tel. 7 37 26 18 42 | www.terasauprince.com | tgl. 11 bis 23.30 Uhr | €€€

② *Begeistert Augen und Gaumen*
HANZU D4

Wo diniert der Designliebhaber? Aus einem Traditionsbuchladen wurde ein stylishes Lokal. Die Kupferdecke strahlt golden, Licht und Glas zaubern Transparenz. In dem Schwester-Restaurant von SaSaZu mit Prags besten Asia-Starköchen gibt es Sushi und japanische Spezialitäten.

Kaprova 10 | Metro: Staroměstská | Tel. 2 27 77 77 70 | tgl. 8.30 bis 22 Uhr | €€€

③ *Omas Palatschinken ist immer noch der Hit*
GRAND CAFÉ ORIENT E4

Hier sticht der Kult der scharfen Kante ins Auge. Es passt auch alles zusammen: Tassen zum Tisch und grün-weiß gestreifte Polstergarnituren zu den Lampenschirmen. Das kubistische Café steht unter Denkmalschutz, Balkonblick zum gotischen Pulverturm.

Ovocný trh 19 | Metro: Náměstí Republiky | Tel. 2 24 22 42 40 | www.grandcafeorient.cz | Mo–Fr 9–22, Sa, So 10–22 Uhr

④ *Die Stunde der Biere, der große Test*
PIVOVAR U SUPA (BRAUEREI ZUM GEIER) E4

Sechs verschiedene Biersorten auf einem Brett (je 0,2 l) – Helles, Dunkles, Pils bitter, Malz süßlich, Rauch- und Rougebier – danach kann man als Experte mitreden. Das Lokal hat eine eigene Metzgerei, und man genießt deftige Blutwurst sowie süßen Kaiserschmarrn unter

Über den Dächern der Altstadt genießt man Speisen und Ausblick zugleich.

einem Gewölbe aus dem Jahr 1431, als dieses Gasthaus mit Innenhof entstand.

Celetná 22 | Metro: Náměstí Republiky | Tel. 7 34 44 18 92 | www. pivovarusupa.cz | tgl. 11.30–24 Uhr

⑤ *Schokoparadies*
CHOCO-STORY E4

Wussten Sie, dass es Schokolade in Prag seit 1528 gibt? Aus Mexiko wurde sie von dem Eroberer Hernán Cortés als Geschenk nach Madrid geschickt. Dank der Habsburger folgte gleich Wien mit Prag. Mehr gibt es in diesem Schokoladenmuseum zu erfahren. Im Shop nimmt man die süßen Träume in Tüten mit!

Celetná 10 | Metro: Náměstí Republiky | www.chocotopia.cz

⑥ *Ein Familienbetrieb wie für Freunde gemacht*
CHOCO CAFÉ D4

Ein Trinkgenuss der feinsten Art: Über 50 Sorten flüssiger Schokolade aus aller Welt werden hier angeboten. Auf den Sesseln und Sofas fühlt man sich wie zu Besuch bei einer guten alten Tante. Der süßen Vitrine kann keiner widerstehen.

Liliová 4 | Metro: Národní | Tel. 2 22 22 25 19 | www.choco-cafe.cz | Mo–Sa 10–20 Uhr

⑦ *Charme, Geist, Patina*
CAFÉ MONT-MARTRE D4

Geadelt durch Kafka, Werfel, Brod, Kisch, Meyrink, Urzidil, Hašek (»Der brave Soldat

Schwejk«) und Emča, die wilde Tänzerin, die von einem Foto lacht. Eingerichtet ist es wie ein Wohnzimmer anno 1911, als dieses Café gegründet wurde. Wiederentdeckt als Asyl für Intellektuelle aus dem Café Slavia, denen es dort zu touristisch wurde.

Řetězová 7 | Metro: Národní | tgl. 10–24 Uhr

⑧ *Das Pizza-Traumschiff an der Moldau*
MARINA GROSSETO RISTORANTE D4

Ein schwimmendes Restaurant mit Blick zum Karlsbrücke-Hradschin-Dreieck, Sonnendeck, verglaste Terrassen. Pizza, Pasta, Salate plus aktuelle Wochenkarte von Fulvio Siccardi. Der Starkoch (zwei Michelin-Sterne in Mailand) mailt sie selbst nach Prag.

Alšovo nábřeží, Mánes-Brücke | Metro/Tram: Staroměstská | www.marinaristorante.cz | Tel. 2 22 31 67 44 | tgl. 12–24 Uhr | €€

⑨ *Italienisch nach feiner Art – Film ab!*
LA BOTTEGA DI FINESTRA D4

In dem original nach einem römischen Feinkostladen gestalteten Ambiente wecken die Leckereien in der Vitrine sofort kulinarische Gelüste. Die Fleisch- und Wurstwaren kommen aus einer Bio-Farm in Italien. Alles (auch Fisch) wird frisch zubereitet und auf kleinen Bistrotischen serviert. Man fühlt sich wie mitten in Fellinis »Dolce Vita«. Es gibt Frühstück mit dem besten Kaffee der Stadt. Die Delikatessen von der Theke sind auch zum Mitnehmen.

Platnéřská 11 | Metro/Tram: Staroměstská | Tel. 2 22 23 30 94 | www.labottega.cz | Mo–Sa 8.30 bis 22.30, So bis 21.30 Uhr | €€€

⑩ *Wo einst Großkopferte unter dem Volk zechten*
U VEJVODŮ (ZU DEN HERZÖGEN) D4

Der Eingang wirkt mittelalterlich, die Grundmauern stammen aus dem 17. Jh., das ritterliche Flair hat sich erhalten. Schwemme, Pub, mehrere Stuben, ein gewaltiges Atrium unter einer Glaskuppel: Die stimmungsvolle Atmosphäre saugt einen förmlich auf. Es gibt böhmische Küche, den saftigsten Schweinebraten der Stadt plus Pilsner Urquell.

Jílská 4 | Metro: Národní | Tel. 2 24 21 99 99 | www.restauraceuvejvodu.cz | tgl. 10–3, Sa–Fr bis 4 Uhr | €

Marina Grosseto: Bella Italia auf dem Schiff, in der Ferne leuchtet der Hradschin.

⑪ *Aromatisch, hoch-*
wertig, mediterran
NOSTRESS D3
Lustig grüßt das Zebra am
Eingang. In einem Galerie-
Ambiente wird feine Küche
kredenzt. Chef Kheireddine
Benmissi aus Algerien, seit
1996 Prager aus Leidenschaft,
begeistert u. a. mit Seewolf,
Rehrücken und Safranrisotto.
Eine gute Wahl sind auch das
Business-Menü mittags oder
das Gourmet-Frühstück.
V Kolkovně 9 | Metro: Náměstí
Republiky | Tel. 2 22 31 70 07 |
www.nostress.cz | Di–Fr 8.30–24,
Sa, So 10–24 Uhr | €€–€€€

⑫ *Feiern (fast) rund um*
die Uhr
JAMES DEAN D/E3
Amerikanisches Frühstück
auf roten Ledersitzen, Bedie-
nungen mit rosa Häubchen,
Marilyn Monroe an der
Wand, von der Decke hängt
ein Motorrad. Der Tag geht,
die Stimmung kommt in
Schwung. Bis zum Morgen-
grauen gibt es auch Musik.
V Kolkovně 1 | Metro: Staro-
městská | www.jamesdean.cz |
tgl. 8–6 Uhr | €€

⑬ *Bienvenue à Paris*
AU GOURMAND E4
Très charmant: Jugendstilka-
cheln, Schnörkel, Spiegel mit
Ornamenten. Alles, was auf
und in den gläsernen Pulten
liegt, macht Riesenappetit:
ofenwarme Croissants, leckere Quiches, überbackene Bri-
oches, belegte Baguettes und
feinste Tartes. Es gibt kleine
Tische für Snacks.
Dlouhá 10 | Metro: Staroměstská |
Tel. 6 02 68 21 89 | www.augour
mand.cz | tgl. 9–19 Uhr

Einzigartig: In der 2007 eröffneten Buchhandlung sind alle Werke Kafkas erhältlich, teilweise sogar als Graphic Novel.

Einkaufen

⑭ *Kafka neben Louis Vuitton*
PAŘÍŽSKÁ ULICE (PARISER BOULEVARD) D3–D4
Die Luxusmeile Prags entstand bei der Sanierung der jüdischen Stadt. Im Jahr 1926 erhielt sie als Antwort auf die Champs-Élysées den Beinamen »Pariser«. In diese Tradition reiht sich Bulgari an Chanel, Dior, Hermès, Gucci und Prada. In der Seitenstraße Široká befindet sich die Kafka-Buchhandlung.
Von Altstädter Ring bis Čech-Brücke | Metro: Staroměstská | www.parizskaulice.cz | Mo–Sa 10–19, So 12–18 Uhr

⑮ *Auch die Verpackung ist umweltfreundlich*
MANUFAKTURA D4
Es duftet und riecht verführerisch. Ein Shop mit 1000 Aromen der Natur in Seifen, Shampoos, Kosmetik sowie Parfüms, dazu traditionelles Kunsthandwerk und Holzspielzeug für den Nachwuchs.
Karlova 26 | Metro: Staroměstská | www.manufaktura.cz

⑯ *Fantasievoll*
MICHAL NEGRIN D4
Klingt männlich, ist aber eine Designerin aus Tel Aviv: die Königin der Ornamente, Blumen und Blütenranken, Pailletten und Stickereien. Jedes Kleid ist ein Einzelstück. Es

gibt 25 Negrin-Shops in Israel und 30 weltweit, was für dieses Fest der Fantasie spricht.

Karlova 44 | Metro: Staroměstská | www.michalnegrin.com

Abendgestaltung

4 MERIAN EMPFEHLUNG

⑰ *Drinks nach der feinsten Mix-Philosophie*
HEMINGWAY BAR D4
Hinter altpragerischen Ladentüren verbirgt sich ein Stück Havanna. Jazz federt, Eis klirrt im Glas, der Abend wird unvergesslich. Und die Karlsbrücke ist ganz nah.

Karolíny Světlé 26 | Tram: Karlovy lázně | Tel. 7 73 97 47 64 | www.hemingwaybar.cz | Mo–Fr 17–1, Sa, So 19–1 Uhr

⑱ *Bildende Kunst und klassische Musik*
RUDOLFINUM (HAUS DER KÜNSTLER) D3
Die Tschechische Philharmonie ist hier beheimatet. Der Dvořák-Saal im Jugendstil und Art déco zeichnet sich auch durch perfekte Akustik aus (→ S. 30).

Alšovo nábřeží 12 | Metro: Staroměstská | Tel. 2 27 05 92 27 | www.rudolfinum.cz

⑲ *Wo Mozart dirigierte*
STÄNDETHEATER (STAVOVSKÉ DIVADLO) E4
Authentischer geht's nicht: 1787 wurde hier »Don Giovanni« uraufgeführt. Mozart dirigierte. Ärger gab es schon vorher. Vis-à-vis befand sich die Karlsuniversität. Die ehrenwerten Rektoren sahen die Moral ihrer Studenten in Gefahr. Denn am Ständetheater war bereits auch Mozarts »Hochzeit des Figaro« im Repertoire. In beiden Opern steckte der Geist der Revolution gegen den Adel. Die Melodien sang man wie Gassenhauer nach.

Železná 4 | Metro: Můstek | www.narodni-divadlo.cz | Karten ab 500 Kč, Senioren 300 Kč

⑳ *Ohne Worte*
BLACK LIGHT THEATRE (ALL COLOURS THEATRE) E4
Eine Illusion zum Mitträumen: Ballett, Pantomime, Musik und Multimedia als spezielle Prager Theaterkunst. So etwas gibt es sonst nirgendwo zu sehen.

Rytířská 31 | Metro: Můstek | Tel. 7 25 83 06 55 | www.blacktheatre.cz | Karten ab 300 Kč

HRADSCHIN
(HRADČANY)

Der große Stolz der Prager. Seit elf Jahrhunderten der Sitz der Macht. Die Eigenart des Hradschins beruht auf einer Tradition, die sich über Generationen fortsetzt: Jeder Herrscher, ob König, Kaiser oder Präsident, hinterließ ein markantes Bauwerk nach seinem Gusto.

Mauern, die Geschichte erzählen. Mit genau 72 960 m² hält sich das Burgareal im Guinness-Buch der Rekorde und auf der Liste des UNESCO-Weltkulturerbes. Es umfasst drei Innenhöfe mit der Präsidentenkanzlei, dem alten Königspalast, zwei Adelsresidenzen und vier Kirchen, begrenzt von einem Burgwall. Dort befindet sich das berühmte **Goldene Gässchen** mit pittoresken Zwergenhäuschen. Sechs mächtige Türme ragen zum Himmel auf, und ein ehemaliges Kloster bietet eine eigene Welt für sich. In den drei **Burggärten** bewundert man neben herrlichen Ausblicken auch gepflanzte Architektur. Die Prager kommen erst, wenn die Touristen gehen. Mit zunehmender Dämmerung leeren sich die **Burghöfe**, die von April bis Oktober bis 22 Uhr zugänglich sind. Die Burgwache in blauer Uniform zieht im Paradeschritt ihre letzte Runde. Die Schritte hallen zackig. Um sechs Uhr früh öffnen sich die Tore wieder. Als Frühaufsteher erlebt man eine Märchenkulisse. Das Licht zaubert magische Momente. Generell raten die Prager, man solle am besten im Februar kommen, da die wenigen Passanten dann fast schon »kafkaesk« wirken.

Vom Hradschin aus herrschten vier deutsch-römische Kaiser und sieben Könige über halb Europa, darunter Karl IV., Wenzel IV., Rudolf II., Ferdinand I. Allerdings waren sie alle keine Tschechen. Die böhmische Dynastie der Přemysliden ist

Exakter Gleichschritt: Um Punkt 12 Uhr findet am Hradschin die Wachablösung mit feierlichem Parademarsch statt.

früh ausgestorben. Seit 1306 geriet die böhmische Königskrone zum Spielball der fremden Herrscher. Auch die resolute Maria Theresia, die »erste Dame Europas«, war als Habsburgerin eine Fremde auf dem böhmischen Thron (1740–1780). Um sich in der böhmischen Metropole heimisch zu fühlen, ließ sie die Prager Burg nach dem Vorbild der Wiener Hofburg umgestalten. Das heutige Erscheinungsbild ist daher auch unter Bauhistorikern umstritten: Einerseits ging der mittelalterlich verschachtelte Burgcharakter verloren (es gab viel mehr Türmchen, Giebel, Tore, was heute noch märchenhafter wirken würde), andererseits entstand ein monumentales Panorama mit der längsten Schlossfassade der Welt. Lackierer und Reiniger haben viel zu tun, um insgesamt 2562 Fenster und 1627 Türen zu pflegen. Über die endlosen Kilometer an Gängen und Korridoren preschte Dichterpräsident **Václav Havel** spaßeshalber mit einem Tretroller. Der gleichnamige **Stadtteil Hradschin** zieht sich vom Matthiastor im Westen der Burg aufwärts weiter. Hier warten noch mehr Klöster, Paläste, Laubengänge, verwunschene Gärten, herrliche Aussichtspunkte und der vom Heiligen Stuhl zertifizierte Wallfahrtsort **Loreto** auf neugierige Besucher. Man spürt schnell: Das Größte, was Prag besitzt, ist sein Herz. Und das schlägt wie verrückt.

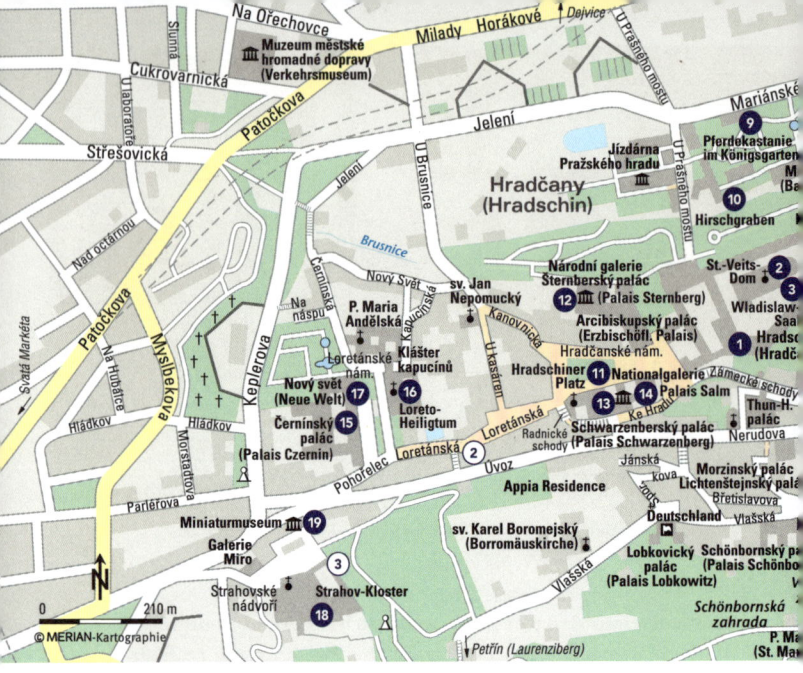

SEHENSWERTES

1. Hradschin ★
2. St.-Veits-Dom ★
3. Wladislaw-Saal
4. St.-Georgs-Basilika
5. Goldenes Gässchen
6. Palais Lobkowitz
7. Burggarten auf der Schanze
8. Lustschloss der Königin Anna/Belvedere
9. Pferdekastanie im Königsgarten/ Belvedere 👁
10. Hirschgraben
11. Hradschiner Platz
12. Nationalgalerie (NG) – Palais Sternberg
13. NG – Palais Schwarzenberg
14. NG – Palais Salm
15. Palais Czernin
16. Loreto-Heiligtum
17. Neue Welt
18. Strahov-Kloster ★
19. Miniaturmuseum

ESSEN UND TRINKEN

1. Lobkowicz Café und Terrasse
2. hOST
3. Bellavista

ABENDGESTALTUNG

4. Spanischer Saal

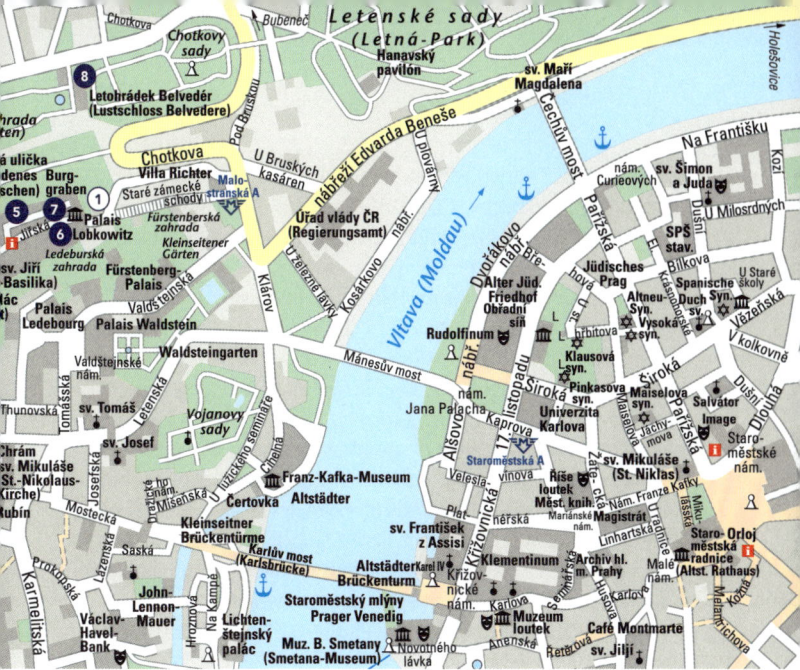

Sehenswertes

MERIAN TOP 10

❶ HRADSCHIN (HRADČANY) B3

Als Erster ließ der Landesfürst Wenzel auf diesem »Hügel der
Götter« im Jahr 925 eine Rotunde errichten, als Reliquienschutz
für die Hand des hl. Veit. Im 11. Jh. ersetzte König Břetislav I.
die ursprünglich hölzerne Palisadensiedlung durch eine stei-
nerne Burg, auf Tschechisch *hrad*, daher der Name Hradčany,
sowohl für den Königshof als auch für die Vorstadt gültig.

Erster Burghof: Zwei muskelbepackte Nackte protzen als
»kämpfende Giganten« über dem Eingang. Die archaische Gewalt markiert die Burg martialisch. Um Punkt 12 Uhr meldet
sich die Burgwache mit Fanfaren und Trommelwirbel: Auf-
marsch zur Ablösungsparade.

Zweiter Burghof: Das Matthiastor, welches einem römischen Triumphbogen nachempfunden ist, läutete die Barock-
epoche in Prag ein. Matthias, König von Ungarn, feierte damit

den Sieg über seinen verhassten Bruder Rudolf II. (»Bruderzwist im Hause Habsburg«, 1575–1611) und nahm auch Böhmen ein. Der Nordflügel beherbergt die Burggalerie mit der Rudolfinischen Gemäldesammlung: Tizian, Aachen, Tintoretto, Rubens. Während der Hauptsaison stehen hier endlose Schlangen.

Dritter Burghof: Der St.-Veits-Dom dominiert, der alte Königspalast liegt gegenüber. Seitlich markiert ein bronzenes Vordach die Stiertreppe (Býčí schody) als Abgang zum Paradiesgarten. Die Hauptattraktion ist der Wladislaw-Saal, eine gotische Allzweckhalle mit atemberaubenden Dimensionen.

Georgsplatz: Die St.-Georgs-Basilika, nebenan das ehemalige St.-Georgs-Kloster. Dahinter versteckt sich das Goldene Gässchen (Zlatá ulička) mit dem Dalibor-Gefängnisturm. Die abschüssige Straße am Palais Lobkowitz vorbei endet am Südtor, einem seitlichen Abstieg zum Paradiesgarten.

Hradschin, Pražský hrad | Metro: Malostranská, Tram: Pražský hrad | www.hrad.cz | Areal 6–22, Besichtigung innen: April–Okt. Di–So 9–17, Nov.–März Di–So 9–16 Uhr | Burgticket: Runde A (Alter Königspalast, Wladislaw-Saal, Museum der Prager Burg, St.-Georgs-Basilika, Goldenes Gässchen, St.-Veits-Dom, Palais Rosenberg) 350 Kč | Runde B (Alter Königspalast, Wladislaw-Saal, St.-Georgs-Basilika, Goldenes Gässchen, St.-Veits-Dom) 250 Kč | Runde C (St.-Veits-Schatz in der Heilig-Kreuz-Kapelle, Burggalerie) 350 Kč, Kinder 170 Kč

MERIAN TOP 10

❷ ST.-VEITS-DOM (CHRÁM SVATÉHO VITA) B3

Macht und Religion, Kult und Kultur, Gedenkstätte und Heiligtum, Museum und Schatzkammer, alles unter einem Dach. In der 124 m langen und 34 m hohen Kathedrale wurden die böhmischen Herrscher gekrönt. Einige von ihnen ruhen hier in der Königskrypta: Karl IV., der selbst im Jahr 1344 den Grundstein für die Kathedrale legte, neben ihm sein Sohn Wenzel IV. samt Gemahlinnen. Zwei Baumeister waren am Werk, erst der Franzose Matthias von Arras, ab 1352 Peter Parler aus Schwäbisch Gmünd, neben der Karlsbrücke für alle wichtigen gotischen Projekte in Prag zuständig. Das mittlere

Der Aufstieg über beinahe 300 Stufen lohnt sich: Vom Glockenturm des St.-Veits-Doms hat man einen wunderbaren Panoramablick auf die Stadt.

Kirchenschiff mit 60 m Breite tragen 28 schlanke Pfeiler. Die zwei Südtürme werden mit ihren 88 m vom Hauptturm um 11 m überragt. Von Letzterem läutet die größte Glocke Böhmens: 17 t schwer, 2 m hoch, im Durchmesser 2,5 m. Die Sigismundglocke läutet nur zu besonderen Anlässen, zuletzt 2019 bei der Trauermesse für den Sänger Karel Gott im St.-Veits-Dom.

Wenzelskapelle (Kaple svatého Václava): An den Wänden funkeln über 1300 (Halb-)Edelsteine wie Achat, Rubin, Malachit, Jaspis und Saphir. Der größte Mosaikstein misst 40 mm im Durchmesser. In der **Schatzkammer** darüber befindet sich die Wenzelskrone, die einen Stachel aus dem Dornenkranz Christi enthalten soll. Selbst an düsteren Tagen strahlt das Südportal sonnig. Die byzantinischen Wandmosaike legten 1371 Meister aus Venedig auf 85 m² als ein Wunderwerk aus. Farben in 30 verschiedenen Schattierungen in Blau, Rot, Türkis glänzen auf einem Hintergrund aus purem Gold. Die Kathedrale wurde 1954 sozialistisch verstaatlicht. Nach der Wende endete 2007 der langjährige Streit um die Restitution mit einem Kompromiss: Besitzverhältnisse halb und halb. Das Erzbischöfliche Ordinariat pflegt die Gottesdienste, und ein siebenköpfiger

»Lass uns einen Virus holen«

Die Geschichte fängt so an: »Wollen Sie die Goldene Stadt sehen?«, fragt ein Riese einen kleinen Mann auf der Karlsbrücke. Als dieser begeistert zustimmt, packt ihn der Große um den Hals, hebt ihn hoch und fragt: »Sehen Sie jetzt besser?« Der Kleine antwortet nicht. Da bemerkt der Prager verschmitzt, dass er dem kleinen Mann beim Hochheben am Hals das Genick gebrochen hat. **Bohumil Hrabal** beschrieb diese Anekdote als bezeichnend für die Geisteshaltung seiner Landsleute. Nach Franz Kafka war Hrabal (1914–1997) der bedeutendste Schriftsteller, den Prag hervorbrachte. Über seinen Tod amüsieren sich die Stammtischbrüder immer noch: »Dummer Zufall, beim Taubenfüttern fiel er aus dem Fenster, aber er hob nicht ab in die Luft, sondern knallte auf die Erde.« So wird es in der Kneipe **Zum goldenen Tiger** (U zlatého tygra, Husova 17, Metro: Národní, www.uzlatehotygra.cz, tgl. 15–23 Uhr) erzählt. Das war Hrabals Stammkneipe, in die er zu Lebzeiten täglich einkehrte. Auch Präsident Václav Havel und sein Amtskollege Bill Clinton ließen es sich schon in dieser original Prager Kneipe gut gehen.

Und der Prager Humor? »Manchmal schmeckt er wie ein Auflauf aus Blutwurst, Hundekuchen und Fliegendreck«, definierte ihn **Jaroslav Hašek**, der geistige Vater des braven Soldaten Schwejk, einst Abbild der tschechischen Haltung. Doch seit der Wende ist Schwejk mit den Demokratiejahren überholt. Der passive Widerstand ist Geschichte. Jan Kraus, bekannter Light-Night-Talker, bewertet den tschechischen Humor als »weder britisch, noch schwarz, sondern nur derb und vulgär wie die Kutschersprache«. Wie das Volk, so ist auch der amtierende Präsident Miloš Zeman. Als Grobian, Polterer vom Dienst und Trinker bekannt, genierte er sich nicht, alkoholisiert öffentliche Reden zu halten. Na und? »Eine Viruserkrankung verursachte die Sprachstörungen«, entschuldigte sein Pressereferent das präsidiale Gelalle. Daraus entstand eine

Die Kneipe Zum goldenen Tiger ist fest in der Hand der Stammgäste. Über die Tschechen sagt man, sie sind nicht freundlich, aber menschlich.

scherzhafte Redewendung: Was sagen die Prager, wenn sie gemeinsam trinken gehen wollen? »Lass uns einen Virus holen.«

Bei dieser Sendung stellte sich etwas Überraschendes heraus. Das TV-Publikum hatte neben den offiziell Nominierten einen weiteren Kandidaten vorgeschlagen: **Jára Cimrman**. Der bekam als Favorit auf Anhieb auch die meisten Stimmen. Dass dann doch Kaiser Karl IV. zum Sieger gekürt wurde, lag einzig an den geänderten Spielregeln. Cimrman hatte niemals existiert, er ist eine Fantasiegestalt und wurde daher disqualifiziert. Als Kultfigur von zwei Theaterautoren erfunden, besteht er bereits seit über 50 Jahren, und jeder Tscheche kennt ihn. Jan Kraus meint: »Dieses Phänomen lässt sich nur mit der Flucht vor der Realität erklären. Das ist typisch für meine Landsleute.« Und weil die Welt schon immer kompliziert war, sind die Prager mit Sprichwörtern als Fluchthilfe fleißig unterwegs. Eines zum Mitnehmen: »Von allen Unfällen ist der Zusammenstoß mit einem Dummkopf der Schlimmste.« Die Prager sind also nicht empfindlich, was ihren Humor anbelangt. Darauf muss man als Besucher gefasst sein.

Wunderwerk der Statik: Der Wladislaw-Saal im Alten Königspalast war im 16. Jh. der größte Raum Europas.

Aufsichtsrat betreut die Kathedrale als Nationaldenkmal. Präsident, Ministerpräsident, Oberbürgermeister, Polizei- und Feuerwehrchef sitzen mit in der Runde und besitzen symbolisch auch einen Schlüssel zur Schatzkammer.

Dritter Burghof | www.katedralasvatehovita.cz | Nov.–März Mo–Sa 9–16, April–Okt. Mo–Sa 9–17, So ab 12 Uhr | Besichtigung nur mit Burgticket (großer Rundgang A) 350 Kč, Kinder 175 Kč (kleiner Rundgang C) 250 Kč, Kinder 125 Kč, Aussichtsturm 200 Kč | Gottesdienste auch auf Deutsch

❸ WLADISLAW-SAAL (VLADISLAVSKÝ SÁL) B3

Von König Wladislaw II. bestellt, errichtete der Baumeister Benedikt Rieth von 1490 bis 1502 mit einer Fläche von 62 x 16 m den größten Saal der Spätgotik nördlich der Alpen. Unter dem Gewölbe, das 13 m hoch und einem Spinnennetz ähnlich ist, tagte seinerzeit der Landtag. Ein Aufgang vom Innenhof war für Reiter mit Pferd bestimmt, denn es gab hier auch Ritterturniere nebst Jahrmärkten und königlichen Festen. An den langen Tischen fanden bis zu 2000 Gäste Platz. Im Jahr 2011 fand hier die Trauerfeier für den verstorbenen Präsidenten Václav Havel statt. Aber auch die kommerzielle Nutzung des

Saals entsprechend der Tradition wurde fortgesetzt. Louis Vuitton durfte beispielsweise in dem majestätischen Ambiente seine Fashionshow präsentieren.

Alter Königspalast (Starý královský palác) | dritter Burghof | www.hrad.cz | Nov.–März Di–So 9–16, April–Okt. Di–So 9–17 Uhr | Burgticket A oder B 350 Kč bzw. 250 Kč

❹ ST.-GEORGS-BASILIKA (BAZILIKA SV. JIŘÍ) B3

Die Basilika ist der älteste Kirchenbau auf der Burg und wurde 920 durch Vratislav I. angelegt. Außen ist sie romanisch-byzantinisch, innen minimalistisch mit frühgotischem Gewölbe. Die schlichte Ästhetik mit einer puristischen Harmonie aus Marmor und Stein vermittelt ein starkes religiöses Gefühl, das sich in der Kapelle der hl. Ludmilla noch weiter verstärkt. Die Landespatronin erzog als Großmutter ihren Enkel Wenzel I. zum Christentum. Diese Kapelle ist eine wichtige Station auf der Prager Pilgerroute. Lassen Sie sich gern gruseln? In der Gruft unter dem Altar lauert das Grauen, 1726 in Bronze gegossen: Ein Totenkopf schält sich aus dem verwesenden Leichnam. Knochenfraß im Brustkorb, der Darm quillt aus den Eingeweiden. Das Schreckensgebilde namens Brigita ist auf die Legende von der Bestrafung einer Sünderin zurückzuführen.

Dritter Burghof | Metro/Tram: Malostranská | Nov.–März tgl. 9–16, April–Okt. tgl. bis 17 Uhr | Burgticket A oder B 350 Kč bzw. 250 Kč

❺ GOLDENES GÄSSCHEN (ZLATÁ ULIČKA) C3

Kafka bewohnte das Haus Nr. 22 in den Jahren 1916 und 1917, als er seinen Roman »Das Schloss« schrieb. Die winzigen Häuschen unter der Burgmauer dienten im 16. Jh. als Unterkunft für die Burgwachen. Zu Zeiten Rudolf II., als die Burg aus allen Nähten platzte, wurden diese Kammern noch weiter untervermietet. Köche, Handwerker und Alchemisten zogen ein, die für den Kaiser Gold aus Kuhmist herzustellen versuchten und dem engen Gässchen auch seinen Namen gaben. Bis zum Kriegsende 1945 waren diese Verliese noch bewohnt. Nun ist die Häuserzeile auf Tourismus ausgerichtet, und es reihen sich Souvenirshops an Minigalerien und winzige Cafés, am Ende befindet sich eine Alchemistenstube. Wer dem Rummel entgehen will, kommt nach 20 Uhr. Dann wird kein Eintritt mehr verlangt, und das Gässchen haucht seinen Zauber aus. Steile Stufen führen zum Daliborka-Turm hinab, berühmt durch den gleichnamigen Adeligen, der dort 1498 eingesperrt wurde. An ihn erinnert das Sprichwort:»Die Not lehrte Dalibor geigen.« Durch sein Spiel, das man aus dem Turm hörte, bettelte er sich sein Essen zusammen. Als die Geige verstummte, wusste man: Dalibor, der böhmische Robin Hood, ist hingerichtet worden.

Zlatá ulička | Metro/Tram: Malostranská | tgl. 9–18, Nov.–März tgl. bis 16 Uhr | Burgticket A | nach der Öffnungszeit schließen die Häuschen, das Gässchen bleibt bis 22 Uhr offen

❻ PALAIS LOBKOWITZ (LOBKOWICZKÝ PALÁC) C3

Die Lobkowitzer bekleideten historisch das Kanzleramt der Könige. Ihr Palais bauten sie 1550 im Osten der Burg. Von Kommunisten 1948 enteignet, wurde der Besitz nach der Wende 1990 an die Familie restituiert. Fürst William kehrte aus Boston zurück, um sich der Pflege des umfassenden kulturellen Erbes zu widmen. Dazu gehört die Gemäldegalerie, die Waffensammlung sowie die Originalpartitur von Beethovens 3. Sinfonie »Eroica«, die ursprünglich zu Ehren Napoleons komponiert, aus Enttäuschung über dessen Kriege aber 1804 dem Wiener Diplomaten Joseph Lobkowitz gewidmet wurde. Im fürstlichen Salon findet täglich eine Matinee mit Kammermusik statt.

Jiřská 3 | Metro/Tram: Malostranská | www.lobkowicz.cz | tgl. 10–18 Uhr | Eintritt 295 Kč, erm. 220 Kč | Konzerte tgl. ab 13 Uhr, nur 100 Plätze, Reservierung über: www.matinee.cz | Konzertkarten 440 Kč und 390 Kč

❼ BURGGARTEN AUF DER SCHANZE (ZAHRADA NA VALECH) C3

Erzherzog Ferdinand II., Stellvertreter des Königs, residierte als Statthalter 20 Jahre auf dem Hradschin. Für einen lieblichen Garten unter seinen Fenstern ließ er um 1550 die Burgschanze zuschütten. Am sonnigen Südhang gediehen zu seiner

Die liebliche Seite der königlichen Gärten: Lustschloss Belvedere, der letzte Wohnort von Kaiser Rudolf II.

Freude subtropische Pflanzen bestens. Einen persönlichen Stempel drückte Tomáš Garrigue Masaryk der Anlage auf, der vom Kutschersohn zum ersten Republikpräsidenten aufgestiegen war. Sein Vermächtnis besteht aus einem gigantischen Granitgefäß: 50 t schwer, 4 m im Durchmesser, 1,80 m hoch, im Guinness-Buch der Rekorde als »die größte Obstschale der Welt« eingetragen. Ein Hauch von Ägypten weht durch die »Stiertreppe«, ein Durchgang vom dritten Burghof zum Paradiesgarten. Eine Sandsteinsäule oben mit Kreuz markiert den »zweiten Prager Fenstersturz«.

Aufstieg über Alte Schlossstiege zum Südtor, »schwarzer Turm« | Metro/ Tram: Malostranská | tgl. 6–22 Uhr | Eintritt frei

❽ LUSTSCHLOSS DER KÖNIGIN ANNA/ BELVEDERE (KRÁLOVSKÝ LETOHRÁDEK) C3

Italien auf der Burg. Der launische König Ferdinand I. schenkte dieses Anwesen seiner Gemahlin Königin Anna von Böhmen als Lustschloss. Von 1538 bis 1555 vom Architekten Paolo della Stella erbaut, kümmerte sich der kaiserliche Leibarzt, Dottore Mathio, um den Garten. Die ersten Tulpen nördlich der Alpen erblühten hier. Das Lustschloss erfüllte seine Funktion. Königin Anna gebar ihrem Gatten Ferdinand insgesamt

15 Kinder. Bewohnt war dieser Renaissancebau nur einmal: Als Rudolf II. vom Kaiserthron gestürzt worden war, zog er sich ins Erdgeschoss zurück und lebte dort in völliger Abgeschiedenheit bis zu seinem Tod 1612. Das obere Stockwerk ließ er als Sternwarte nutzen. Er verlangte täglich Berichte über den Stand der Himmelskörper und hoffte, sein Schicksal würde sich noch mal wenden.

Gartenmittelpunkt ist die **Singende Fontäne**, ein Schalenbrunnen nach italienischem Vorbild vom böhmischen Erzgießer Tomáš Jaroš ausgeführt, der auch die größte Glocke des St.-Veits-Doms herstellte. Wer das Ohr an den Beckenrand presst, hört rauschende Klänge. Das bronzene Gefäß, das innen hohl ist, lässt das sprudelnde Wasser musikalisch nachhallen.

Der **Ballsaal** war nicht zum Tanzen bestimmt, sondern wurde schon um das Jahr 1563 für eine Art Squash genutzt. Heute wird dieser an der Außenfassade mit schönem Sgraffito verzierte Saal vor allem für Kunstausstellungen und Konzerte verwendet.

Am südlichen Sommerschlosseck ist die **Statue des Sieges im Königsgarten** aufgestellt, von Experten zu den schönsten Statuen Prags eingestuft. Sie ist nach einem Motiv aus der griechischen Antike geformt: der Jüngling Ephebe mit Siegeslorbeer. Der Bildhauer Jan Štursa hat die Art-déco-Figur, die grazil wie eine Ballerina über dem Pragpanorama tänzelt, 1921 ausgeführt. Die meisten seiner Werke hatte er nach Kritik zerstört, schließlich beging er Selbstmord. Er selbst war also kein Sieger.

Ort und Objekte: Mariánské hradby 1 | Tram: Královský letohrádek | tgl. 6–22, Okt.–März 8–18 Uhr

⬤ IM VORBEIGEHEN ENTDECKT

❾ PFERDEKASTANIE IM KÖNIGSGARTEN/ BELVEDERE C3

Der Blick täuscht nicht: Es ist der dickste Baum Prags – eine Pferdekastanie. Zwei Personen schaffen es kaum, sie mit ausgestreckten Armen zu umfassen. Die Wurzeln bestellte König Maximilian II. 1576 aus Konstantinopel (Istanbul). Er setzte damit die Tradition fort, nur Gewächse fremder Herkunft in dem Garten zu züchten. Aus der knorrigen Rinde ließ sich ein Extrakt mit Heilwirkung gewinnen. Die Rosskastanie wurde 2005 zum Baum des Jahres gewählt.

Königsgarten, in Ballsaal-Nähe | Mariánské hradby 1 |Tram: Královský letohrádek | tgl. 6–22, Okt.–März 8–18 Uhr

⑩ HIRSCHGRABEN (JELENÍ PŘÍKOP) B3

Unterhalb des Sommerschlosses, umarmt von Urwaldstimmung, sieht man die Burg von der Nordseite in einer ungewöhnlichen Perspektive. Einst erstreckte sich hier ein Jagdrevier. Das Hochwild, vorher in den Wäldern eingefangen, wurde den Majestäten direkt vor die Flinte getrieben. Während des Sozialismus wurde der Hirschgraben von einem hohen Wellblechzaun vor Einblicken geschützt, an dem bewaffnete Soldaten patrouillierten. Nach der Wende löste Präsident Václav Havel diese militärische Sperrzone auf. Um die beiden Teile, unten Schlucht, oben Wiese, miteinander zu verbinden, initiierte er einen Tunnel, der seinen Namen bekam.

U prašného mostu | Tram: Pražský hrad | www.hrad.cz | April–Okt. tgl. 10–18 Uhr

⑪ HRADSCHINER PLATZ (HRADČANSKÉ NÁMĚSTÍ) B3

Von der Burgrampe hat man ein fabelhaftes Pragpanorama. Der Republikgründer T. G. Masaryk schaut stolz über die ganze Stadt. Die in Bronze gegossene, 3 m hohe Statue wurde unter Anwesenheit von Madeleine Albright, US-Außenministerin unter Bill Clinton, im März 2000 enthüllt. Diese wurde als Marie Jana Körbelová in Prag geboren und emigrierte 1948 mit ihrer Familie vor den Kommunisten nach Washington. Folgende Sehenswürdigkeiten befinden sich am Hradschiner Platz:

Ostseite: Haupteingang zum Ehrenhof (ersten Burghof), »kämpfende Giganten«, Matthiastor.

Nordseite: Erzbischöfliches Ordinariat, Palais Sternberg (Nationalgalerie), Palais Martinicz (Privatmuseum).

Westseite: Toskanisches Palais und Palais Czernin (Auswärtiges Amt), Loreto-Heiligtum.

Südseite: Palais Schwarzenberg und Palais Salm (Nationalgalerie), Karmeliten Kloster.
In der Mitte: Barock-Pestsäule, errichtet während der Epidemie 1726, gusseiserne Kandelaber aus dem 19. Jh.
Hradčany | öffentlich zugänglicher Platz

⑫ NATIONALGALERIE (NG) – PALAIS STERNBERG (ŠTERNBERSKÝ PALÁC) B3

Die umfassendste klassische Kollektion des Landes mit Malerei vom 16. bis zum 20. Jh. El Greco, Goya, Tiepolo, Tintoretto, Rembrandt, Rubens, van Dyck – fast alle großen Meister sind hier vertreten. Zu den wertvollsten Exponaten zählen Dürers »Rosenkranzfest« sowie Werke von Lucas Cranach. Im Innenhof zeigt sich ein kraftvoll stolzes Exemplar des Prager Löwenkultes. Der verwunschene Garten ist ein ganz besonderer Ort.
Hradčanské náměstí 15 | www.ngprague.cz | Di–So 10–18, Mi bis 20 Uhr | Eintritt 220 Kč, erm. 120 Kč, Kombikarte für alle Objekte der Nationalgalerie 500 Kč

⑬ NG – PALAIS SCHWARZENBERG (SCHWARZENBERSKÝ PALÁC) B4

Die schwarz-weißen Sgraffitos wirken an der Fassade wie ein Spitzenvorhang. Um 1567 in die Fassade geritzt, dehnen sie sich auf mehr als 7000 m² aus. Im Palais wird böhmische Barockkunst ausgestellt.
Hradčanské náměstí 2 | Tram: Pražský hrad | www.ngprague.cz | Di–So 10–18 Uhr | Eintritt 150 Kč, erm. 80 Kč

⑭ NG – PALAIS SALM (SALMOVSKÝ PALÁC) B4

Für Liebhaber von Palästen ist dieses Palais ein spannendes Objekt. Es wurde 1810 von Graf Salm errichtet und ein Jahr später von Fürst Schwarzenberg gekauft. Im Jahr 2015 aufwendig saniert, mit wechselnden Ausstellungen betrieben, bekommt man nebenbei auch einen Eindruck, wie luxuriöses Wohnen im 19. Jh. aussah.
Hradčanské náměstí 1 | Tram: Pražský hrad/Pohořelec | www.ngprague.cz | Di–So 10–18, Mi bis 20 Uhr | Eintritt 100 Kč, erm. 50 Kč

Die Sgraffitos auf der Fassade des Palais Schwarzenberg wirken wie aus Spitze.

⑮ PALAIS CZERNIN (ČERNÍNSKÝ PALÁC) A4

Kaiser Leopold I. war nicht amüsiert darüber, was ihm 1668 der Emporkömmling Graf Humprecht Jan Czernín, kaiserlicher Botschafter in Venedig, vor die Nase setzte: mit einer 150 m langen Front durch Halbsäulen profiliert – das größte Palais Prags. Glück hat er bisher niemandem gebracht. Nach Kaserne, Hospital und Armenasyl bezog 1928 das Auswärtige Amt der ersten Republik die Räume und wurde 1939 wieder ausquartiert. Die Nationalsozialisten verwalteten bis 1945 von hier aus das Protektorat Böhmen und Mähren.

Nach 1945 erneut Außenministerium, ereignete sich hier im März 1948 der sogenannte »dritte Prager Fenstersturz«. Außenminister Jan Masaryk wurde tot im Hof aufgefunden. Ob es Selbstmord oder Mord durch die Kommunisten war, wurde nie eindeutig geklärt. Immerhin gibt es einen Lichtblick in der Geschichte des Palais: Am 1. Juli 1991 wurde im Sitzungssaal der »Warschauer Pakt« aufgelöst. Das Militärbündnis unter Moskaus Kommando sollte den Ostblock gegen die NATO verteidigen. In Wirklichkeit lag aber ein Angriffsplan gegen Westeuropa vor. Die letzte gemeinsame Operation war die Invasion am 21. August 1968, um die Reformbewegung »Prager Frühling« niederzuschlagen.

Loretánské náměstí 5 | Tram: Pohořelec | www.mzv.cz | einmal im Jahr Tag der offenen Tür, auch Masaryks Dienstwohnung mit dem Todesfenster im Bad darf besichtigt werden

⑯ LORETO-HEILIGTUM (LORETA) A3/4

Die Errichtung dieser Wallfahrtsstätte geht auf eine Kapelle im italienischen Loreto zurück. Die Bezeichnung kommt von dem lateinischen Begriff *laurentum* (Lorbeer). Der Eindruck ist gewaltig. Die Statuen-Fassade verkündet eine versteinerte Heiligenszenerie. Maria kniet, und über ihr erscheinen die Engel. Die Lage unter einem Erdhügel ruft eine überirdische Vision hervor. Die ursprüngliche Casa Santa, das Haus der Gottesmutter in Nazareth, retteten einer Legende nach die Engel vor den Heiden in Palästina. Auf dem Luftweg über das Mittelmeer verfrachtet, wurde sie in Loreto in einem Lorbeerhain bei Ancona aufgestellt. Die Nachbildung für Prag veranlasste die katholische Fürstin Katharina von Lobkowitz im Jahr 1626. Die Inschrift erwähnt ihre führende Rolle bei der Rekatholisierung des Landes. Giovanni Batista Orsio kopierte mit allen Details. In der Heiligen Krippe ist die Geburt Christi zu sehen. In der Schatzkammer lagern 300 Exponate – wertvolle Gewänder, Schmuck und Gefäße. 6222 Diamanten funkeln von einer Monstranz. Das 12 kg schwere Sakramentum wird auf einem Schulterband getragen, um es bei der Prozession überhaupt mitführen zu können.

Kirche der Geburt des Herrn (Kostel Narození Páně): Das bis 1722 in der heutigen Form vollendete Kapuzinerkloster mit Kirche entstammt den Plänen von Kilian Ignaz Dientzenhofer. Seit 1694 erklingt zu jeder vollen Stunde ein Marienlied. Folgende anrührende Legende rankt sich um diesen Brauch: Eine Witwe aus dem benachbarten Armenviertel Nový svět adoptierte 27 Kinder. Doch die ausgebrochene Pest raffte alle ihre Schützlinge hinweg. Die fromme Witwe ließ jedes Mal für einen Silberling die Sterbeglocke läuten. Als auch sie verstarb, war kein Geld mehr da. Deshalb ließ angeblich die hl. Madonna von Loreto die Engel singen:»Tausendmal grüßen wir dich, Maria.« Bei diesem ranghöchsten Heiligtum Tschechiens muss man allerdings auch mit den längsten Wartezeiten rechnen.

Loretánské náměstí 7 | Tram: Pohořelec | www.loreta.cz | Nov.–März tgl. 9.30–16, April–Okt. tgl. 9–17, Glockenspiel stdl. 9–18 Uhr | Eintritt 150 Kč, Senioren (70+) 130 Kč, Kinder (bis 15 J.) 80 Kč, Fotopass 100 Kč

⑰ NEUE WELT (NOVÝ SVĚT) A3

Vom Loreto-Heiligtum führt ein holprig gepflasterter Weg abwärts. Hier sind kaum Touristen, pittoreske Häuser, verschachtelte Dächer und ulkige Schornsteine. Im Haus Nr. 1 wohnte um 1601 vor seinem Tod der Astrologe Tycho Brache (bestattet in der Teynkirche). Zum Elendsquartier verkommen, feucht, überfüllt und verdreckt, wurde das Viertel in den 1920er-Jahren wegen Seuchengefahr geräumt. Nach der Wende wurde es restauriert und ist jetzt bildschön, verträumt. Ein Maler wird mit seiner Staffelei sicher an einer Ecke sitzen, um die Stimmung einzufangen, besonders im Herbst.

Tram: Pohořelec | www.prahaneznama.cz

MERIAN TOP 10

⑱ STRAHOV-KLOSTER (STRAHOVSKÝ KLÁŠTER) A4

Prags heiliger Klosterhügel der Religion, Kunst und Wissenschaft, als »Berg Zion« im Strahover Evangelium aus dem 10. Jh. dargelegt. Die biblischen Prophezeiungen, die in dieser Handschrift enthalten sind, führten 1143 zur Klostergründung. Doch die göttliche Schirmherrschaft nützte wenig. Auf diesem Außenposten waren die Mönche seit 1375 bei jedem Krieg schutzlos den Angriffen ausgesetzt. Hussiten, Bayern, Österreicher, Schweden, Franzosen, Preußen, wer auch immer Prag gestürmt hat, plünderte und brandschatzte dieses Viertel, worauf sich auch dessen Name zurückführt: Pohořelec – verbranntes Feld. Es gehört nicht mehr zum Hradschin, ist aber von der Burg aus mit einem Spaziergang voller Sehenswürdigkeiten erreichbar.

Die **Bildergalerie** zeigt sakrale Kunst, Altarbilder und biblische Darstellungen aus Gotik, Barock, Rokoko und Romantik. Im Erdgeschoss öffnen sich die beeindruckenden Räume des alten Konvents. Im Innenhof steht ein prächtiger Löwe in Bronze – das tschechische Wappentier.

Die **Bibliothek** enthält 130 000 Bände, 3000 Handschriften und 2500 Inkunabeln (Einblattdrucke von 1450 bis 1500). Unter prachtvoll ausgemalten Decken liegen in herrlichen Regalen aus Walnussholz berühmte Werke wie »De revolutionibus orbium coelestium« des Astronomen Kopernikus. Dieser behauptete 1543 zum ersten Mal, die Sonne stehe im Zentrum des Weltalls. Die Verbreitung dieser wissenschaftlichen Erkenntnis verbot die Kirche als gotteslästerliche Ketzerei. Bei Missachtung drohte Todesstrafe auf dem Scheiterhaufen.

Der **Theologische Saal** enthält hinter Schloss und Riegel auch die verbotenen Schriften, darunter die ersten erotischen Bücher. Abt Wenzel Meyer schrieb sich hierbei in die Geschichte ein. Als bekennender Freimaurer (wie Mozart, Goethe, Tolstoi) forderte er die Aufklärung und gewährte einem verschworenen Kreis den Zugang zu dem »literarischen Giftschrank«. Den Schlüssel trug er ständig bei sich an einem Gürtel.

Die **Romanischen Säle** des alten Klosters bieten Mittelalter zum Anfassen. Frühgotische Kapellen und Kreuzgänge ziehen mit ihren kahlen Steinwänden magisch an. Beim meditativen Rundgang werden Sie auch kaum gestört, weil sich nur die wenigsten Strahov-Besucher hierher verirren. Ein handverlesener Geheimtipp für Mystiker.

Strahovské nádvoří 1 | Tram: Pohořelec, Erdseilbahn (lanovka) von der Talstation Újezd (Kleinseite) zur Bergstation Petřín, danach zu Fuß entlang der Hungermauer bis zum Klostertor (15 Min.) | www.strahovsky klaster.cz | tgl. 9–12, 13–17 Uhr, Mittagspause | Eintritt Bibliothek 120 Kč, erm. 60 Kč, Bibliothek + Galerie 200 Kč, erm. 100 Kč | Romanische Säle (Eingang zweiter Innenhof) 60 Kč

⑲ MINIATURMUSEUM (MUZEUM MINIATUR) A4

Die Kamelkarawane wandert durch ein Nadelöhr, Beethovens Portrait in einem halbierten Mohnkorn. Oder haben Sie schon eine Heuschrecke als Geigenvirtuosen gesehen? 29 unglaubliche Exponate des Makro-Mikro-Schmieds und Nano-Künstlers Anatolij Koněnko aus Sibirien werden hier ausgestellt und sind unter dem Mikroskop zu bestaunen. Wie solche Kunstwerke entstehen, erfährt man auf der Website des Museums.

Strahov-Kloster, Innenhof 11 | Tram: Pohořelec | www.muzeumminiatur.cz | tgl. 9–17 Uhr | Eintritt 130 Kč, erm. 70 Kč

Essen und Trinken

① *Snacks, Burger und Apfelstrudel über den Dächern der Kleinseite*
LOBKOWICZ CAFÉ UND TERRASSE C3

Wer im Adelspalast eine Pause machen will: klein, aber fein mit Salon und Terrasse. Es gibt Sandwiches, Suppen, tschechisches Gulasch und natürlich Mehlspeisen. Fürst William Lobkowitz schaut sogar gelegentlich vorbei und ist stets gut gelaunt.

Jiřská 3, am Südtor | Metro/Tram: Malostranská | www.lobkowicz.cz | tgl. 10–18 Uhr | €€

② *Genuss mit Gerichten wie aus dem Bilderbuch*
HOST (GAST) A4

Hier wird ausgezeichnet gekocht und getafelt. Wenn der Service ins Schleudern gerät, kann man immer noch das Panorama genießen. Denn am Herd steht der Koch allein. Er kreiert ein Fest der Aromen. Fleisch und Fisch sind auf den Punkt gegart.

Loretánská 15, Verbindungsstiegen zur Úvoz-Straße | Tram: Pohořelec | Tel. 7 28 69 57 93 | www.host restaurant.cz | Mo–Sa 11.30–22, So bis 21 Uhr | €€€

③ *Ordentliche Portionen*
BELLAVISTA A4

Den fabelhaften Pragblick von der Terrasse hat schon Kanzlerin Angela Merkel genossen. Hier wird tschechische Traditionsküche mit italienischem Einschlag kombiniert. Es gibt Schweinshaxe XXXL, Schnitzel und Lammkotelett. Für romantische Dinner bei Kerzenlicht wird unter dem Gewölbe der Klosterstuben serviert.

Strahovské nádvoří 1 | Tram: Pohořelec | Tel. 2 20 51 72 74 | www.bel la-vista.cz | tgl. 11–24 Uhr | €€–€€€

Abendgestaltung

④ *Musik auf der Burg*
SPANISCHER SAAL (ŠPANĚLSKÝ SÁL) B3

Auf Wunsch von Kaiser Rudolf II. erbaut (1602–1606), bietet der auf allen Seiten verspiegelte Saal eine großartige Pracht. Es flimmert, glitzert, funkelt. Er wird für offizielle Empfänge, Feste mit dem Präsidenten, Verleihung des Staatsordens »Weißer Löwe« sowie für Konzerte genutzt. Die Termine sind auf der Website der Burg zu finden.

Zweiter Burghof | Tram: Pražský hrad | www.hrad.cz | Konzertbeginn 18 Uhr

KLEINSEITE (MALÁ STRANA)

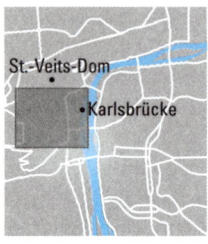

Alles andere als klein: Der höchste Hügel Prags, der größte Kunstgarten, die mächtigste Domkuppel, die schönsten Adelspaläste – das findet man auf der Kleinseite, die zur selben Zeit wie die Altstadt entstand. In romantischen Gassen und Gärten steckt der viel beschriebene Zauber.

All die Metaphern, die Prag fantasievoll und überschwänglich beschreiben, bestätigen sich auf der Kleinseite. Von unzähligen Aussichtspunkten betrachtet, werden sie zur Wirklichkeit. Die Kleinseite ist ein **Panoramaviertel**. Die roten, verschachtelten Dächer verzaubern wie in einem Märchen. Mit der Dunkelheit kehrt die Magie ein. Wer zur späten Stunde, von der Karlsbrücke kommend, die steile Nerudova-Straße hinaufschreitet, erlebt auf dem Trampelpfad des Tourismus schon die einkehrende Ruhe. Auf diesem Teil des alten **Königswegs**, auf dem die böhmischen Regenten nach ihrer Wahl zur Krönung im St.-Veits-Dom fuhren, stehen Häuser, in denen noch der Geist der vorigen Jahrhunderte wohnt. Man kommt sich fast wie in einer Filmkulisse vor.

Die Kleinseite, die ursprünglich Neue Stadt Prag hieß, wurde 1257 von **König Ottokar II.** gegründet, dem mächtigsten Herrscher der böhmischen Geschichte. Allerdings wurde er in der Bedeutung von Karl IV. völlig überschattet. Ottokar II., der »eiserne König«, herrschte über ein riesiges Territorium, das sich von Norden, Holstein, Burgund, Bayern und Böhmen bis nach Süden in die Steiermark erstreckte und sowohl die Provinzen Lombardei als auch Friaul mit einschloss. Die Tschechen verfügten damit über den Zugang zum Mittelmeer. Hätte Ottokar II. die verhängnisvolle Schlacht bei Dürnkrut 1278

Die Kleinseite erscheint römischer als Rom, mehr Barock geht nicht. Die St.-Nikolaus-Kirche (s. S. 121), links im Bild, dominiert mit ihrer mächtigen Kuppel.

gegen die Österreicher nicht verloren, wo er auch fiel, hätte es die EU schon damals unter böhmischer Krone gegeben, mutmaßen die Historiker – natürlich die tschechischen. Der große Aufschwung kam während der Herrschaft von Rudolf II. Der Adel begann unterhalb der Burg seine Paläste zu bauen, welche bis heute das Bild der Kleinseite prägen. In der Nähe des Kaisers zog die katholische Kirche ihren »Vatikan« auf. Kein Wunder, dass sich bis zur Mitte des 19. Jh. rund um den **Kleinseitner Ring** das gesellschaftliche Leben Prags abspielte.

Gegenwärtig führen die knapp 7000 Einwohner, als »malostraňáci« (sprich: Malostranjáci) bezeichnet, eine Initiative zur Rückeroberung ihrer Kleinseite. Die Karmelitská-Straße, die zwar unter Dauerstau ächzt, sich aber mit kleinen Läden und einem pfiffigen Angebot an individuellen Cafés sowie Restaurants für Einheimische wieder authentisch gibt, ist dafür ein gelungenes Beispiel. Kundentreue macht die letzten Tante-Emma-Läden wieder trendy. Neben exotischen Buchhandlungen und winzigen Shops für Antikes, Keramik oder Schmuck gibt es hier einen altmodischen Tabakladen, in dem man alles findet, was man nicht sucht. Wer ein Gespür fürs Entdecken hat, wird sich in dieses Viertel verlieben.

SEHENSWERTES

1. Aussichtsturm Petřín 🚩
2. Petříner Parks und Stollen 🚩
3. Kleinseitner Ring
4. St.-Nikolaus-Kirche
5. Prager Jesulein
6. Tschechisches Museum der Musik
7. Vrtba-Garten
8. St.-Thomas-Kirche
9. Kleinseitner Gärten ⭐
10. Palais Waldstein
11. Waldsteingarten
12. Waldstein-Reithalle
13. Kleinseitner Straßen
14. Franz-Kafka-Museum
15. John-Lennon-Mauer
16. Václav-Havel-Bank ◉
17. Kampa 🚩
18. Museum Kampa
19. Gelbe Pinguine

ESSEN UND TRINKEN

1. Terasa U Zlaté Studně
2. Občanská plovárna
3. Restaurace Velko-převorský mlýn
4. Cukrkávalimonada
5. IF Café Werichova vila
6. Bistro Bruncvík
7. Bella Vida Café

EINKAUFEN

8. Kunstkomora
9. Arcimboldo
10. Marionety Truhlář

ABENDGESTALTUNG

11. U malého Glena

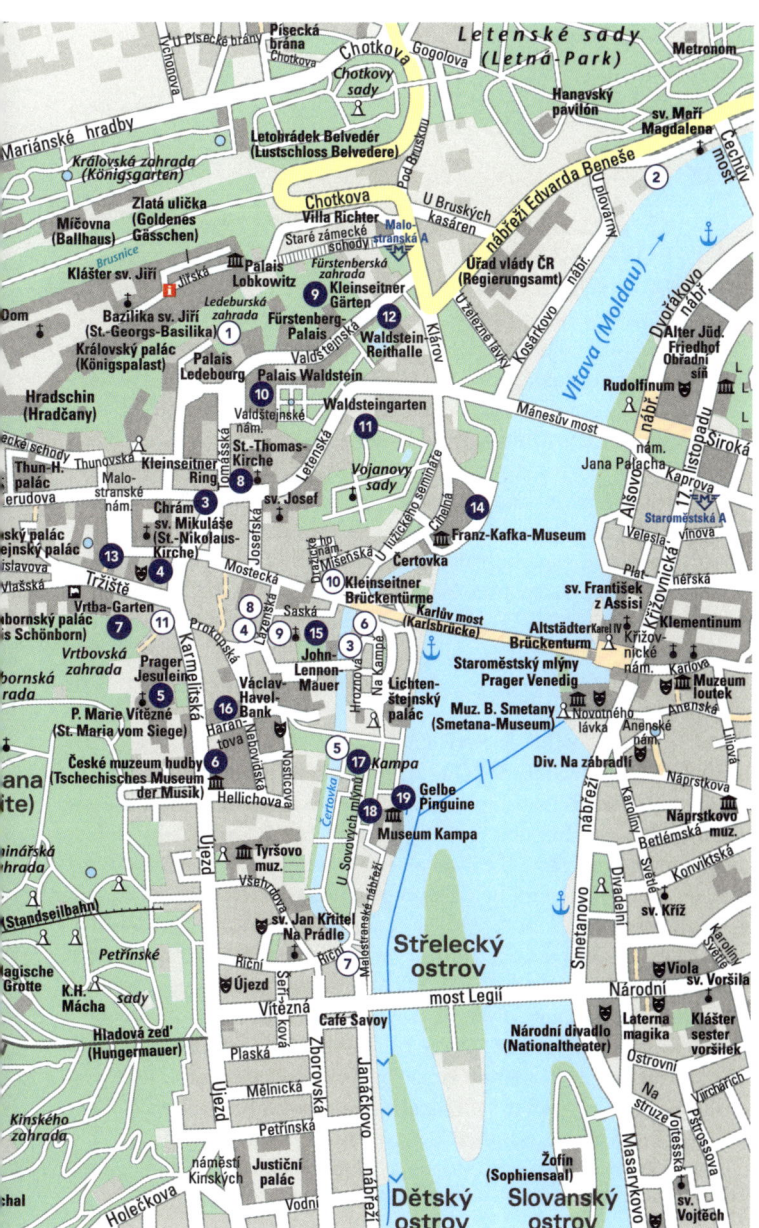

Letenské sady
(Letná-Park)

Metronom

U Písecké brány
Písecká brána
Chotkova
Chotkov sady
Gogolova

Marlánské hradby

Hanavský pavilón

sv. Maří Magdalena

Chotkova

Královská zahrada
(Königsgarten)

Letohrádek Belvedér
(Lustschloss Belvedere)

Villa Richter
Staré zámecké schody
Malo- stranská A

Úřad vlády ČR
(Regierungsamt)

nábřeží Edvarda Beneše

Vltava (Moldau) →

Dvořákovo nábř.

Zlatá ulička
(Goldenes Gässchen)

Míčovna
(Ballhaus)

Brusnice

Klášter sv. Jiří

Palais Lobkowitz

Fürstenberská zahrada

Kleinseitner Gärten

9

Ledeburská zahrada

12

Waldstein- Reithalle

Alter Jüd. Friedhof Obřadní síň

Bazílika sv. Jiří
(St.-Georgs-Basilika)

Fürstenberg- Palais

Rudolfinum

Královský palác
(Königspalast)

Palais Ledebourg

Palais Waldstein

1

Válašská

Klárov

Hradschin
(Hradčany)

10

Valdštejnské nám.

Waldsteingarten

Mánesův most

nám.
Jana Palacha

Široká

ecké schody

Thunovská

Kleinseitner Ring

11

St.-Thomas- Kirche

Kaprova

Thun-H. palác
erudova

Malo- stranské nám.

8

Vojanovy sady

14

Veleslavínova

ský palác
ejnský palác
slavova

3

Chrám sv. Mikuláše
(St.-Nikolaus- Kirche)

sv. Josef

Franz-Kafka-Museum

Plat- nérská

13

4

Čertovka

sv. František z Assisi

Klementinum

vlaššká

Tržiště

8

10

Kleinseitner Brückentürme

Karlův most
(Karlsbrücke)

Altstädter Brückenturm

Křižov- nické nám.

bornský palác
s Schönborn)

7

11

4

9

15

6

3

Saská

Prager Jesuilein

John- Lennon- Mauer

Lichten- štejnský palác

Staroměstské mlýny
Prager Venedig

Novotného lávka

Muzeum loutek

Václav- Havel- Bank

16

Muz. B. Smetany
(Smetana-Museum)

Anenské nám.

P. Marie Vítězné
(St. Maria vom Siege)

5

Kampa

Div. Na zábradlí

Náprstkova

České muzeum hudby
(Tschechisches Museum der Musik)

6

17

19

Gelbe Pinguine

18

Museum Kampa

Náprstkovo muz.

Betlémská

Konviktská

inářská hrada

Tyršovo muz.

sv. Kříž

Standseilbahn

Petřínské

sv. Jan Křtitel Na Prádle

Střelecký ostrov

Viola

sv. Voršila

agische Grotte

K.H. Mácha

sady

Újezd

Říční

Viténzá

most Legií

Národní

Hladová zeď
(Hungermauer)

Café Savoy

Plaská

Národní divadlo
(Nationaltheater)

Laterna magika

Klášter sester voršilek

Ostrovní

Kinského zahrada

Mělnická

Petřínská

náměstí Kinských

Justiční palác

Žofín
(Sophiensaal)

Dětský ostrov

Slovanský ostrov

sv. Vojtěch

Holečkova

Vodní

119

Sehenswertes

5 MERIAN EMPFEHLUNG

❶ AUSSICHTSTURM PETŘÍN (PETŘÍNSKÁ ROZHLEDNA) B4

Der Eiffelturm in Paris als Vorbild ist nur zwei Jahre älter. Für die Landesausstellung 1891 in Prag errichtet, 60 m hoch, ist der Auf- und Abstieg raffiniert ausgeklügelt: Die 299 Stufen sind übereinander in einem Schraubensystem angelegt, die Besucher kommen sich also nicht in die Quere. In der oberen Stahlkabine fühlt man sich wie in einem Luftschiff über Prags acht Hügeln schwebend. In der Ferne zeichnen sich die sozialistischen Trabantenstädte ab.

Petřínské sady (Laurenziberg) | Tram: Újezd (Talstation zum Umsteigen auf die Erdseilbahn), Pohořelec (Bergstation) | www.muzeumprahy.cz | April–Sept. 10–22, März, Okt. bis 20, Nov.–Feb. bis 18 Uhr | Eintritt 150 Kč, Kinder, Senioren 80 Kč

6 MERIAN EMPFEHLUNG

❷ PETŘÍNER PARKS UND STOLLEN (PETŘÍNSKÉ SADY A PODZEMÍ) B4/5

Hier erhält man Einblick in Prags unterirdische Geheimnisse: Gräber, Mumien, urzeitliche Ungeheuer. In einem Stollen stand der Hinrichtungsbalken. Zum kleinen Abenteuer wird auch, überhaupt den Eingang zu diesem Labyrinth zu finden: Er befindet sich gegenüber dem Denkmal des Dichters Jaroslav Vrchlický im Lobkowitzer Park. Nach der Gruseltour wieder an der Oberfläche zurück, kann man sich auf langen Spazierwegen erholen, vorbei an Obstbäumen bis zur Hungermauer von Karl IV. An der Statue von Karel Hynek Mácha küssen sich die Prager Paare, in Gedanken an den Dichter der Liebe. Für ihn selbst endete sie tragisch. Als ihn die Frau seines Herzen verschmähte, wählte er verzweifelt den Freitod.

Am Panoramaweg vom Strahov-Kloster | www.petrinska-rozhledna.cz | April–Okt. Sa, So 10–17 Uhr | Eintritt 80 Kč, erm. 50 Kč

Der »Mini-Eiffelturm«: Mit dem Hügel, auf dem er steht, ist der Aussichtsturm Petřín höher als das Original in Paris.

❸ KLEINSEITNER RING (MALOSTRANSKÉ NÁMĚSTÍ) C4

Seit der Gründung der Kleinseite ist dieser Platz der Mittelpunkt des Viertels. Seitwärts säumen ihn stimmungsvolle Laubengänge mit Restaurants, die unumgänglich auf Touristen ausgelegt sind. Die wohlklingenden Namen wie »U Glaubiců«, »Zum Mäzenen«, »Zu drei goldenen Sternen« zeugen von Geschichte. Mit Giebeln, Türmen und Renaissancefassade fällt das alte Kleinseitner Rathaus auf. Im ersten Stock rumort es im Malostranská Beseda, einem typisch pragerischen Kulturzentrum mit Bands, Liedermachern, Late-Night-Talks und Poetry-Slams auf der Clubbühne. Hier ist alles auf Tschechisch. Übersetzen kann ein Dolmetscher schon, aber um den Sinn zu verstehen, hilft es kaum. Tagsüber ist es ein Café und garantiert touristenfrei. Da lohnt sich ein Besuch für eine Milieustudie.

Malostranské náměstí 21 | Tram: Malostranské náměstí | www.malo stranska-beseda.cz | tgl. 11–23 Uhr

❹ ST.-NIKOLAUS-KIRCHE (CHRAM SVATÉHO MIKULÁŠE) B/C4

Die Kuppel ist so gewaltig (70 m), dass sogar der »Klein-Eiffelturm« von Petřín darunter passen würde. Die Jesuiten beauftragten die Rosenheimer Architektenfamilie Dientzenhofer, von 1703 bis 1756 das kolossale Baumanifest der katholischen

Die kupferbedeckte Kuppel der Nikolauskirche hat einen Durchmesser von 20 m.

Macht hochzuziehen. Als Vorbild diente der Petersdom in Rom. Auf dem imposanten, 1500 m^2 großen Deckenfresko hat sich der Maler Johann Lukas Kracker in lässiger Pose verewigt. Die romantische Landschaft illustriert die Herkunft des hl. Nikolaus, des Schutzpatrons der See- und Kaufleute. Riesige Barockstatuen schweben bedrohlich über den Dombesuchern.

Glockenturm (Svatomikulášská Zvonice): Nach 215 Stiegen wartet oben die Belohnung: Die Kleinseite mit ihrer typisch roten Dachlandschaft liegt vor einem wie gemalt. Der Hradschin scheint zum Greifen nah. Der Turm, 65 m hoch und 1755 vollendet, wurde in den sozialistischen 1960er-Jahren vom Geheimdienst benutzt. Mit versteckten Antennen wurden die umliegenden westlichen Botschaften (Deutschland, USA, England, Italien, Frankreich, Japan) ausspioniert.

Malostranské náměstí | Tram: Malostranské náměstí | www.stnicholas.cz | tgl. 9–17 | Eintritt Dom 100 Kč, erm. 60 Kč | Konzerte 18 Uhr, Karten 490 Kč, erm. 300 Kč | Glockenturm: www.muzeumprahy.cz | April–Sept. 10–22, Okt., März bis 20, Nov.–Feb. bis 18 Uhr | Eintritt 100 Kč, erm. 70 Kč

❺ PRAGER JESULEIN (PRAŽSKÉ JESULÁTKO) C4

Prag vor Plünderung und Feuersbrunst beschützt, Pest und Cholera abgewehrt, sogar die Weinlese gerettet. Das 45 cm hohe Prager Jesulein ist Katholiken ein Begriff. Die ursprünglich aus Spanien stammende Wachsfigur übergab Polyxena von Lobkowitz 1613 dem Karmeliterorden. Die Nonnen kleiden sie seitdem abwechselnd in 100 verschiedene Gewänder. Das »gnadenreiche Kind« besuchte auch Papst Johannes Paul II. und erklärte Prags älteste Barockkirche, **Maria vom Siege**, in der es einen eigenen Altarplatz besitzt, zum Wallfahrtsort.

Karmelitská 9 | Tram: Helichova | www.pragjesu.cz | Mo–Sa 8.30–19, So bis 20 Uhr, Museum 9.30–17, So 13–18 Uhr

❻ TSCHECHISCHES MUSEUM DER MUSIK (ČESKÉ MUZEUM HUDBY) C4

Vermutlich die weltweit größte Sammlung von Musikinstrumenten, darunter das Klavier, auf dem Mozart 1787 spielte. Für Konzerte wird der kolosseumartige Lichthof bunt illuminiert. In den Arkaden befanden sich früher Stallungen für die Reiterstaffel der Polizei.

Karmelitská 2/4 | Tram: Hellichova | www.nm.cz | Mi–Mo 10–18, Café, Shop bis 19 Uhr | Eintritt 120 Kč, erm. 80 Kč

❼ VRTBA-GARTEN (VRTBOVSKÁ ZAHRADA) B4

Geheimnisvoll versteckt, führt der Eingang durch ein Eckhaus zum schönsten Barockgarten Prags. Er ist 1720 für Markgraf Jan Josef Vrtba entstanden und mit Statuen von Matthias Bernard Braun bestückt, von dem die meisten Statuen an der Karlsbrücke stammen. Von der Sala terrena über einen Giardinetto mit Mosaikbrunnen steigt der Treppenweg über Terrassen bis zum Weingott Bacchus. Die Göttin der Fruchtbarkeit, Ceres, leistet ihm lustvoll Gesellschaft. Der Blick zum Hradschin überrascht. Wieder eine neue Perspektive.

Karmelitská 25 | Tram: Malostranské náměstí | www.vrtbovska.cz | April bis Okt. tgl. 10–18 Uhr | Eintritt 80 Kč, erm. 70 Kč

❽ ST.-THOMAS-KIRCHE (KOSTEL SVATÉHO TOMÁŠE) C4

Den Grundstein legte 1285 König Wenzel II., das Kirchenschiff wurde von Kilian Ignaz Dientzenhofer parallel zur St.-Nikolaus-Kirche von 1721 bis 1731 ausgebaut. In dem sonst düsteren Rahmen fällt die schmucke Grabplatte für die Engländerin

Elisabeth Joanna Westonia auf. Die »schöne Dichterin« kam mit ihrer Mutter nach Prag, die in zweiter Ehe mit dem legendären Alchemisten Edward Kelley verheiratet war. Elisabeth starb 1612 bei der Geburt ihres siebten Kindes. Einen Teil des Augustiner Klosters renovierte die Rocco-Forte-Gruppe zum Luxushotel **Augustine**. Die Gäste erhalten einen Schlüssel zur Sakristei der Thomaskirche.

Josefská 8 | Metro: Malostranská, Tram: Malostranské náměstí | www. augustiniani.cz | tgl. 8–18 Uhr

 MERIAN TOP 10

❾ KLEINSEITNER GÄRTEN (MALOSTRANSKÉ ZAHRADY) C3

Aus Platzmangel sind die Gärten stufenweise übereinander angelegt. Bei dem Komplex an den Südhängen unterhalb der Burg wurde praktisch jeder Quadratmeter ausgenutzt. Großer und Kleiner Fürstenberg-Garten, Ledebur-Garten, Kleiner und Großer Palffy-Garten, Kolowrat-Garten – all diese Terrassen-Parks verfügen über dekorative Treppen, Balustraden, Aussichtsbalkone, Glorietten und Pavillons. Eine wunderbare Symbiose aus Architektur, Blumenpracht und Kunst. Der Sozialismus brandmarkte diese Anlagen als Ausdruck aristokratischer Dekadenz und ließ sie verfallen. Nach der Wende wurden diese Barockjuwelen durch jahrelange Restaurierung gerettet und blühen nun prachtvoll.

Valdštejnské náměstí 14, Eingang Kolowrat-Garten | Tram: Malostranské náměstí | www.palacove-zahrady.cz, www.ledebur.de | Mai–Sept. 10–19, April, Okt. bis 18 Uhr, Nov.–März und bei schlechtem Wetter gesch. | Eintritt 80 Kč, Kinder, Senioren 60 Kč

❿ PALAIS WALDSTEIN (VALDŠTEJNSKÝ PALÁC) C3

Monumentaler Frühbarock. Das Palais wurde in der Rekordzeit von sechs Jahren (1624–1630) erbaut. 26 Häuser, sechs Gärten und zwei Ziegeleien mussten für dieses Projekt weichen. Es ist nach dem Hradschin mit 3,2 ha der zweitgrößte

Gepflanzte Architektur: Die Kleinseitner Gärten sind weltweit einmalig.

urbane Komplex und entstand für einen der reichsten Männer Europas seiner Zeit. Albrecht z Valdštejna, besser bekannt als Waldstein, war der kaiserliche Feldherr des Dreißigjährigen Krieges. Seine Figur dramatisierte Friedrich Schiller mit der »Wallenstein«-Bühnentrilogie. Nach mehrfachem Besitzerwechsel und nach der Verstaatlichung 1945 wählte der Senat der Tschechischen Republik den Barockpalast 1996 als seinen Sitz. Zu besichtigen sind nur der astrologische Korridor und der Prunksaal. Das grandiose Deckenfresko mit 240 m² zeigt Waldstein als Kriegsgott Mars. In einem römischen Kampfwagen stürmt er den Himmel – überlebensgroß, wie er sich zu Lebzeiten auch fühlte.

Valdštejnské náměstí 4 | Metro: Malostranská | www.senat.cz | April–Mai, Okt. Sa, So 10–17, Juni–Sept. Sa, So bis 18 Uhr | Eintritt frei

⑪ WALDSTEINGARTEN (VALDŠTEJNSKÁ ZAHRADA) C3

Der Waldsteingarten ist Prags erster Palaisgarten mit einer Fläche von 1,7 ha. Die Loggia, Sala terrena (Gartensaal), lässt auf den grandiosen Fresken im Gewölbe die antiken griechischen Götter glänzen. In der künstlichen Tropfsteinhöhle entstand die erste Wellnessgrotte, in welcher Waldstein seiner Zeit voraus im Sommer zu baden pflegte. Daneben schauen die Eulen klug aus der Voliere. Der Gott Neptun am Brunnen bewacht die einschmeichelnde Idylle.

Deutsche Botschaft Prag, 30. September 1989: 4000 DDR-Flüchtlinge dürfen aus dem Palastgarten Lobkowitz ausreisen.

Die Laokoon-Gruppe als Kriegsbeute: Den zentralen Parkweg säumt die bronzene Statuenallee als charakteristisches Gartenbild. Adriaen de Vries (1556–1626), der führende Bildhauer des niederländischen Manierismus, griff die Motive aus griechischen Sagen auf. Die Laokoon-Gruppe stellt den Kampf mit der Meeresschlange dar, eine Szene aus der Eroberung Trojas. Die Originalstatuen raubten die Schweden 1634 als Kriegsbeute, bis heute schmücken sie das Königsschloss Drottningholm. Die Kopie besorgte erst 1914 der Nachfahre Adolf Waldstein, ein österreichischer Bankier. Von hohen Mauern abgeschirmt, schluckt diese Oase sogar den Touristenauftrieb – ohne ihren Zauber einzubüßen. Im Sommer finden Freiluftkonzerte im Garten statt.

Letenská 4 | Metro/Tram: Malostranská | www.senat.cz | April–Mai, Okt. Mo–Fr 7.30–18, Sa, So ab 10, Juni–Sept. Mo–Fr 7.30–19, Sa, So ab 10 Uhr

⑫ WALDSTEIN-REITHALLE (VALDŠTEJNSKÁ JÍZDÁRNA) C3

Der Kriegsherr hielt auf seiner Stammresidenz in Gitschin (Jičín) über 1200 Pferde. Auch die Prager Stallungen sind so gewaltig, dass sich die Räume für wechselnde Ausstellungen der Nationalgalerie großzügig eignen.

Valdštejnská 3 | Metro/Tram: Malostranská | www.prague.eu

⑬ KLEINSEITNER STRASSEN (MALO-STRANSKÉ ULICE) B/C4

Augen auf: Maria Theresia mit ihrem Ordnungssinn war es, die 1770 verfügte, die Häuser durchzunummerieren. Vorher wurden sie durch Hauswappen und Namen gekennzeichnet. Noch heute findet man einen roten Löwen, grünen Krebs, weißen Schwan, ein goldenes Rad, drei Geigen, aber auch den Teufel. Der grinst an der Neruda-Straße 4. Einst wohnte hier der Schnapsbrenner, der das Teufelszeug herstellte.

Nerudova: Vom Kleinseitner Ring zur Burg geht Prags steilste Straße hinauf. Sie ist nach Jan Neruda (1834–1891) benannt, einem weit gereisten Schriftsteller und Abenteurer. Berühmt machten ihn seine Erzählungen über die kleinen Leute, wobei er das Milieu der Kleinseite meisterhaft erfasste. Als notorischer Trinker wohnte er im Haus Nr. 47, in dem unten ein Bierausschank war: »Hospoda u dvou slunců« (Zu den zwei Sonnen).

Na tržišti und Vlašská (Am Markt und Italienische Gasse): Entlang der Stadtmauer, die hier im Mittelalter verlief, siedelten sich Italiener an, als Maurer an Barockbauten beschäftigt. Das Palais Schönborn beherbergt die US-Botschaft. Nebenan im Palais Lobkowitz residiert die deutsche Botschaft. Der Garten machte Geschichte. Über die Mauer kletterten im August 1989 mehr als 5000 DDR-Bürger und erzwangen ihre Ausreise, bis November waren es mehr als 17 000 Personen. Daran erinnert der goldene »Go Trabi« auf vier Beinen. Mit diesem Kunstobjekt wurde der Bildhauer David Černý berühmt.

Míšeňská (Meißen-Gasse): Benannt ist die Gasse nach der sächsischen Porzellanstadt, weil hier im 18. Jh. viele deutsche Studenten wohnten. Wie eine Theaterkulisse bildet die leicht einknickende Häuserfront die besterhaltene historische Straße Prags, die auch vorbildlich renoviert wurde. Die verspielten Rokokofassaden gestaltete von 1708 bis 1714 der große Baumeister Christoph Dientzenhofer, der hier mit seiner Familie wohnte. Die Cafés, Weinstuben, Kunstläden, Restaurants sowie die Kneipe »U bílé kuželky« (Zum weißen Kegel) strahlen einen besonderen Reiz aus.

Tram: Malostranské náměstí (für alle genannten Straßen)

⑭ FRANZ-KAFKA-MUSEUM C4

Die mobile Alu-Skulptur »Piss« von David Černý im Hof wurde zum Fotohit. Zwei Männer pinkeln ins Wasser. Der Beckenumriss zeichnet Tschechiens Landkarte nach. Im Museum wird mit imaginärer Topografie durch Kafkas Leben (1883 bis 1924) geführt: einstürzende Häuser, schwarze Löcher, aus den Ordnerregalen klingelt es mysteriös. Man kann Lesungen aus Kafkas Novellen hören. Er schrieb auf Deutsch.

Hergetova cihelna | Cihelná 2b | Metro/Tram: Malostranská | www.kafka museum.cz | tgl. 10–18 Uhr | Eintritt 260 Kč, Kinder, Senioren 180 Kč

⑮ JOHN-LENNON-MAUER (LENNONOVA ZEDʼ) C4

Die Beatles traten niemals in Prag auf. Nach dem Attentat auf John Lennon im Dezember 1980 sprühte die studentische Protestbewegung das Wort »Lennonismus« auf die Klosterwand des Malteserordens – als satirische Antwort auf das Pflichtfach »Marxismus-Lenninismus« an der Uni. Seitdem zieht dieser Graffiti-Kultort als Symbol für Liebe, Frieden und Freiheit die Menschen wie ein Magnet an (→ S. 130).

Velkopřevorské náměstí | Tram: Hellichova

● IM VORBEIGEHEN ENTDECKT

⑯ VÁCLAV-HAVEL-BANK (LAVIČKA VÁCLAVA HAVLA) C4

Beim Spaziergang über den Malteserplatz, neben der dänischen Botschaft, fällt ein runder Tisch auf, weil aus dessen Mitte ein Baum wächst. Zwei Stühle laden zum Hinsetzen ein. Die Rückenlehnen zieren jeweils zwei Herzen in Rot und Grün, wie sie Havel zu seinen Autogrammen hinzuzufügen pflegte. Die Farbstifte dafür hatte er stets bei sich. Tisch und Stühle wurden von Designer Bořek Šípek geschaffen und 2014 eingeweiht. Mittlerweile gibt es 30 solcher »Dialogtische« weltweit als Treffpunkte, um miteinander zu reden.

Maltézské náměstí | Tram: Hellichova | www.kehilaprag.cz (auch mit Informationen für Touristen)

⑰ KAMPA C4

Die Malteser Ordensbrüder begannen 1169 den von der Moldau angeschwemmten Sand und die Steine aufzufangen, um neues Land für ihre Klosterinsel zu gewinnen. Durch einen Kanal von der Kleinseite getrennt, trieb das Wasser die Mühlen an, bis der Legende nach der Beelzebub mit seinem Schwanz das Rad lahmlegte. Daher kommt der Name »Teufelsbach« (Čertovka). Hier stößt man auf einige malerische Brücken und verträumte Perspektiven. Prags »Klein-Venedig« als autofreie Zone vermittelt unverfälschte Romantik.

Tram: Malostranské náměstí bzw. Újezd | Abgang von der Karlsbrücke oder von der Brücke der Legionen

⑱ MUSEUM KAMPA (SOVOVY MLÝNY) C4

Die alte Wassermühle aus der Renaissance, die strahlend weiß renoviert wurde, erhielt einen futuristischen Glasbalkon. Da schwebt man über der Moldau. Der tschecho-amerikanische Exilmillionär Jan Mládek, der das Museum stiftete, erwarb in den 1950er- bis 1970er-Jahren heimlich zahlreiche Objekte der unter Kommunisten verpönten »entarteten« Kunst. Außerdem sammelte er Werke der tschechischen Moderne von Fila, Kupka und Gutfreund. Die schwarzen, gesichtslosen Babys von David Černý wurden zum Markenzeichen des Museums.

Kampa | U sovových mlýnů 2 | Tram: Újezd | www.museumkampa.cz | tgl. 10–18 Uhr | Eintritt 220 Kč, erm. 120 Kč

⑲ GELBE PINGUINE C4

Unter dem steinernen Kampa-Kai defilieren 34 gelbe Plastikpinguine in der Moldau. Sieht ulkig aus, ist aber kein Gag. Sie stammen von der italienischen »Cracking Art Group«, Umweltaktivisten aus Mailand. Mit ihren Plastiktieren, die sie weltweit aufgestellt haben, rufen sie zum Naturschutz auf. Cracking steht für die chemische Umwandlung des Rohöls zum Kunststoff. Die Pinguine halten Mahnwache und rufen so zur Vermeidung von Plastikmüll auf, der die Umwelt vernichtet.

Neben dem Museum Kampa Richtung Karlsbrücke | www.crackingart.com

»All You Need Is Love«

Ohne ein Selfie vor diesem **Wandgraffiti** kehrt keine Schulklasse aus Prag nach Hause zurück. Seit 500 Jahren schirmt dieses Mauerwerk den Garten des Malteserklosters ab. Gegenüber breitet sich ein Barockpalast aus. Der letzte Besitzer, der französischstämmige Adelige Charles Buquoy, vermachte ihn 1919 dem französischen Staat als Botschaft. Die französische Fahne an der Fassade galt im Sozialismus als **Freiheitssymbol**. Die Liedermacher fühlten sich hier Anfang der 1960er-Jahre wie in Paris – der richtige Platz für ihre Balladen und Protestsongs. Jan Werich wohnte in einer Gartenvilla um die Ecke. Als Komiker und Schriftsteller verkörperte er den Widerstand gegen das totalitäre System. Mit Nachrichten an ihn wurde die Klosterwand zur Klagemauer.

Am 8. Dezember 1980 wurde John Lennon in New York erschossen. Auf den Mauerbrunnen in der Velkopřevorské náměstí, einer Straße der Prager Kleinseite, legte jemand eine Lennon-Figur, und über Nacht füllte sich der bröckelnde Putz dahinter mit Texten aus den Beatles-Songs. Die **John-Lennon-Mauer** erhielt ihren Namen mit Bezug zum Marxismus-Leninismus. »Lennonismus« lautete darauf die ironische Antwort. Die Stasi jagte die antisozialistischen »Sprüche-Schmierer«, die kleine Lennon-Figur wurde entfernt, die Graffitis übertüncht. Doch sie tauchten unablässig wieder auf. Nach der Wende waren es die Liebespaare, die ihre poetischen Herzensbotschaften an die Mauer schrieben: »All You Need Is Love«. Auch Künstler sprühten kreativ ihre Bilder an die Mauer. Als ein Mix aus Kunst, Kitsch, Schmiererei, mitunter Vandalismus verändert sich das Erscheinungsbild ständig.

Protest, Kunst, Vandalismus: Die John-Lennon-Mauer spiegelt den Wandel der Zeit. Und immer wieder siegt die Liebe.

Essen und Trinken

① *Tschechische Küche neu definiert, berauschendes Panorama*
TERASA U ZLATÉ STUDNĚ (ZUM GOLDENEN BRUNNEN) C3
Das Lichtermeer flimmert, Kristallglasteller schimmern. Küchenchef Pavel Sapík zählt zu Prags neuen Starköchen. Es gibt u. a. Ente auf Feigenmousse, Shrimps in Mangosauce sowie Stubenküken mit Kastanienpüree und sogar eine neue Kreation von Omas Kartoffelsalat.
U zlaté studně 4 (im Hotel Golden Well) | Metro/Tram: Malostranská | Tel. 2 57 53 33 22 | www.terasau zlatestudne.cz | tgl. 12–16, 18–23, Bar 17–24 Uhr | €€€€

② *Meisterköche an dem Ort, an dem Franz Kafka als Bub schwimmen ging*
OBČANSKÁ PLOVÁRNA (BÜRGERLICHE BADEANSTALT) D3
Am Moldauufer gelegen mit herrlichem Blick zur Altstadt. Das Lokal wurde 1840 erbaut, im Jahr 2019 aufwendig renoviert und bietet Spitzengastronomie: böhmisch-französisch kreierte Gerichte von Bœuf bourguignon, Hasenkeule, Hähnchen in Joghurt bis zu *škubánky* (böhmische Gnocchi).
U Plovárny 1, bei der Čech-Brücke | Metro/Tram: Malostranská | Tel. 7 02 28 10 83 | www.obcanskaplo-varna.cz | tgl. 11.30–23.30 Uhr | €€€

③ *Ente, Schnitzel und Kaiserschmarrn am Teufelsbach*
RESTAURACE VELKOPŘEVORSKÝ MLÝN (ZUR MÜHLE DES GROSSPRIORS) C4
Ein schmuckes Rokokohäuschen unter mächtigen Kastanien, Terrasse mit Blick auf das große Mühlrad. An den ordentlichen Portionen gibt es nichts zu meckern.
Kampa | Hroznová 3 | Tram: Malostranské náměstí | Tel. 7 77 15 34 18 | tgl. 10–23 Uhr | €€

④ *Wahre Freuden für Auge und Gaumen*
CUKRKÁVALIMONÁDA C4
Unter blau-weißer Balkendecke ist es heimelig wie in einer Puppenstube. Es gibt leichte, frische Gerichte, mit Liebe zubereitet, sowie leckere Kuchen, die mit einem Lächeln serviert werden.

Der Name des Cafés Cukrkávalimonáda bedeutet »Tee, Rum, Bum«. Zum Tee gibt es neben hausgemachten süßen Leckereien auch herzhafte Gerichte.

Lázeňská 7 | Tram: Hellichova | Tel. 2 57 22 53 96 | www.cukrkava limonada.com | tgl. 9–19 Uhr | €€ | keine Kreditkarten

⑤ *Neue Kreationen*
IF CAFÉ WERICHOVA VILA C4

Graf Nosticz ließ hier 1797 eine Ledergerberei zur Lust-villa umbauen. Später wurde sie Schriftstellern als Domizil zur Verfügung gestellt. Der Name stammt von ihrem be-rühmtesten Bewohner: Jan Werich. Dem Schauspieler ist auch die Museumsausstel-lung gewidmet. Das Café mit feiner französischer Patisserie

führt Iveta Fabešová, Prags allseits beliebte Zuckerköni-gin (→ S. 134).
U Sovových mlýnů 7 | Tram: Hellichova | www.ifcafe.cz | tgl. 8–20 Uhr

⑥ *Ein Glas im Stehen, Hotdog in die Hand*
BISTRO BRUNCVÍK/ »OKÝNKO« (FENS-TERCHEN) C4

Das ist die kleinste Kneipe Prags. Sie befindet sich unter der Karlsbrücke, nur ein paar Schritte vom Teufelsbach ent-fernt. Es gibt Würstchen, Bratwurst und Senf, so viel man will. Im Winter wird

Alle schwärmen für Iveta Fabešová (links), die Königin der Prager Patisserie-Kunst. In ihrer »Zuckerakademie« wird auch Nachwuchs ausgebildet.

IVETA FABEŠOVÁ, ZUCKERKÖNIGIN DER NASCHKATZEN

Wie es euch schmeckt

Windbeutel, Cremerollen, Eigelbkränzchen, Buchteln, Golatschen, Meringue-Küsse und Strudel. Backen wie zu Kaisers Zeiten. Doch Eclairs, Macarons, Madeleines, Mousse au Chocolat und Tartes fehlten. Also griff Iveta Fabešová zu Schneebesen, Rührlöffel, Schüssel und wurde mit ihren Kreationen zu **Prags berühmtester Patissière**. Dabei hatte sie nie in einer Konditorei gelernt. Mit ihrem Einserabitur ging sie erst mal an die Universität und studierte Sozialpädagogik. Kochen war nur ihr Hobby. Freunde überredeten sie aber, an der tschechischen TV-Kochshow »Auf Messers Schneide« teilzunehmen. Sie machte mit, wurde Finalistin und so über Nacht berühmt. »Danach wusste ich, dass ich nicht mehr in ein Büro gehen werde«, erzählt sie. Auch der weitere Schritt ergab sich per Zufall. Wieder bei Freunden, die sie gern verköstigte, lernte sie einen Mann kennen, der den italienischen Eisspezialisten und Caféausstatter Avanero vertrat. Es funkte. Mit weiblicher Kreativität und männlichem Logistik-Know-how wurden sie ein Ausnahmepaar, das auf Erfolg programmiert war.

Anfangs lieferte Iveta ihre französischen Süßigkeiten noch an andere Läden aus, bis sich 2012 eine freistehende Metzgerei fand. »Bei der Renovierung habe ich mitgemacht, Wände gespachtelt, geweißelt«, erzählt sie. Inzwischen gibt es vier **IF-Cafés**. Und alle sind überaus beliebt. Eines aber hat auch noch das besondere Extra: die »**Werichova vila**« (Werich Villa) auf der Moldauinsel Kampa. Der Name Jan Werich sagt den Touristen kaum etwas: Das war der Dicke des Duos »V+W«. Sein Partner Jiří Voskovec war der zappelige Dünne, beide Publikumslieblinge in den Filmen der 1930er-Jahre. Werich bewohnte diesen malerischen Gartenpavillon, in dem seit 2017 ein kleines Museum eingerichtet ist. Iveta Fabešová versorgt die Besucher nun mit ihren Leckereien, zu denen auch Frühstück und leichte Snacks gehören. Der Renner ist die Zitrone: Die Schale besteht aus gelb gefärbter, knackiger weißer Schokolade, die Füllung aus cremiger Ganache (Kuvertüre und Sahne). In der Mitte überrascht die Zunge eine Füllung aus Zitrone und Maracuja. Das Originalrezept stammt von dem Pariser Zuckerbäckerpapst **Cédric Grolet**.

In der Villa sitzt man auf Designerstühlen und Bänken unter geschwungenem Gewölbe. Durch die hohen Fenster strömt Licht hinein. Die gläsernen Vitrinen voll süßer Kunstwerke sind nicht nur schön anzusehen. Die Törtchen, Macarons und Pralinen brechen sämtliche Widerstände. Draußen vor der Villa gibt es einen kleinen Vorgarten. Die Wirtschaftszeitung »Hospodářské noviny« stellt die vier IF-Cafés in Zahlen vor: 115 Angestellte, 1300 süße Teilchen pro Tag, etwa vier Millionen Euro Jahresumsatz. Seit Neuestem gibt es sogar eine **Internationale IF-Konditorakademie**. Europas beste Zuckermeister reisen nach Prag zum Spitzentreffen, um Nachwuchs zu schulen. Paris hat süße Konkurrenz bekommen. Und Iveta strahlt: »Schon als Kind wusste ich, dass ich einmal einen Zuckerbäckerladen haben werde.«

Handgefertigte Holzpuppen: Die Kunst des böhmischen Puppen- und Marionettenbaus geht bis ins 18. Jh. zurück.

Glühwein, im Sommer Eiskaffee serviert – und die Prager rundherum halten die Stellung. Der Ritter Bruncvik steht unweit, als einzige Statue außerhalb der Karlsbrücke, auf eigener Säule. Als Sagenheld soll er das Land in höchster Not retten.

Na Kampě 7 | Tram: Malostranské náměstí | tgl. 10–22 Uhr | €

⑦ *Unter Zimmerpalmen*
BELLA VIDA CAFÉ C5

So gemütlich wie hier saß man schon lange nicht mehr. Eingerichtet ist das Café wie ein Wohnzimmer im Stil der »Golden Twenties«: Art-déco-Lampen, Mahagoni, und neben den Bücherregalen taucht

man in Plüschsessel ab. Es gibt Feines zum Frühstück und ganztägig Gerichte, die Freude machen. Mit Moldaublick, beliebt als Ladys-Treff.

Malostranské nábřeží 3 | Tram: Újezd | Tel. 2 21 71 04 94 | www.bvcafe.cz | tgl. 8.30–21 Uhr

Einkaufen

⑧ *Kuriosa*
KUNSTKOMORA (KUNSTKAMMER) C4

Inspiriert ist das Kabinett der Kuriositäten durch die Epoche Rudolf II. Man entdeckt Anatomiemodelle der Renaissance, mit offenem Gehirn im gespaltenen Schädel, chinesische Hausdrachen und unheimliche Frösche. Lassen Sie sich gruseln! Artefakte aus allen Ecken der Welt.

Lázeňská 9 | Tram: Hellichova | Di–Sa 11–19 Uhr

⑨ Seltenes
ARCIMBOLDO c4

Auktionsgalerie für Sammler, die etwas Außergewöhnliches suchen. Hier ist man bei Spezialisten für Surrealistisches. Was man ausgestellt sieht, ist nur die Spitze des Eisbergs. Das teuerste Kunstobjekt bisher erhielt den Zuschlag bei 1 Million – natürlich tschechischer Kronen (Kč).

Lázeňská 4 | Tram: Hellichova | www.arcimboldo.cz | Di–Sa 11 bis 19 Uhr

⑩ Marionetten in vielen Varianten
MARIONETY TRUHLÁŘ c4

Es musste vielleicht so kommen, wenn jemand Pavel Truhlář (Tischler) heißt, dann macht er auch Puppen aus Holz – von realistisch über kubistisch bis zur Pop Art. Eine Rappelkiste für Klein und Groß, fröhlich präsentieren sich die Käfermusikanten an Schnüren, gruselig die Totenfiguren. Unter den Puppenmachern ist Truhlář inzwischen ein Star (→ S. 50).

U Lužického semináře 5 | Metro/Tram: Malostranská | www.marionety.com | tgl. 10–19 Uhr

Abendgestaltung

⑪ Jazz am Abend im Kellerclub
U MALÉHO GLENA (LITTLE GLENN) c4

Die Zeitung »The New York Times« schrieb über diesen angesagten Kellerclub: »Live Sessions in einer Streichholzschachtel, hört sich an, als würde man direkt im Schlagzeug sitzen.« Der Gründer Glenn Spicker kam nach der Wende als Bagel-Bäcker nach Prag. Inzwischen ist er mit zwei Restaurants zum Millionär geworden und fröhnt seinem Hobby, der Musik: Jazz, Blues, Chicago, Ethno, Fusion. Musiker der internationale Szene gastieren in dem Club. »Wenn Sie das Koffein nicht wach hält, wird es diese Musik schaffen«, schwärmte NYT-Kritiker Steven Erlanger.

Karmelitská 23 | Tram: Malostranské náměstí | Tel. 2 57 53 17 17 | www.malyglen.cz | tgl. 11–2 (Bar und Restaurant), 21.30–0.30 Uhr (Session) | Karten 222 Kč

NEUSTADT (NOVÉ MĚSTO)

Neu war dieser Stadtteil nur im Mittelalter. 1348 von Kaiser Karl IV. angelegt, blieb sein urbaner Grundriss bis in die Gegenwart erhalten: Große Plätze und breite Straßen bilden Prags pulsierendes Zentrum mit Architektur, Luxus und Trends, aber auch Ruhe in den Nebenstraßen.

Vorbei an imperialen Palästen der Banken und Versicherungen, fasziniert die spürbare Nähe zur Vergangenheit. Alles erinnert daran, über welchen Reichtum Prag in der Gründerzeit verfügte. Als Finanzmetropole, Fabrikstandort, Bildungs- und Forschungssitz war es der Motor der **Habsburger Monarchie**. Nirgendwo waren mehr namhafte Architekten tätig als hier, ob für Jugendstil, Neorenaissance und später für Konstruktivismus, man baute für die Zukunft – spektakulär und oft bahnbrechend. Wie sich Prag neu ordnete, sich aus Mittelalter, Renaissance und Barock in das 20. Jh. katapultierte, erkennt man am besten auf der Straße Na Poříčí (Am Fluss). Hier entstand im Jahr 1939 das modernste Kaufhaus Europas: »Bílá labuť« (Weißer Schwan).

Als »**Goldenes Kreuz**« wird der Schnittpunkt bezeichnet, an dem einst die beiden Stadtteile, Alt- und Neustadt, durch einen mittelalterlichen Graben (Na příkopě) getrennt waren. Unterirdisch kreuzen sich hier die zwei Metrolinien A und B (Station: Můstek, Brücke). Darüber verläuft eine Shoppingmeile, die mit Berlin oder Mailand mithalten kann. Vielerorts lassen die stuckverzierten Art-déco-Decken in den Läden die Modelabels noch attraktiver erscheinen. In der mit Mosaiken prachtvoll ausgestatteten Passage »Koruna« fühlt man sich in die Belle Époque zurückversetzt.

Am Wenzelsplatz hält der Landespatron, der hl. Wenzel, Tag und Nacht Wache.

In der Neustadt konzentriert sich auch das kulturelle Angebot. Als Flaggschiff beherrscht das **Nationalmuseum** den Wenzelsplatz. Es wurde nach dem Vorbild des Louvre erbaut. Seitdem es umfangreich renoviert wurde, erscheint es im Ranking der weltbesten Museen. Nationaltheater, Staatsoper sowie zahlreiche Theater für Experimente befinden sich ebenfalls in diesem Stadtteil. Für Konzerte bietet das **Gemeindehaus** (Obecní dům) einen fabelhaften Rahmen, als Perle der überbordenden Sezession ein optischer Magnet. Gegenüber diesem kühnen Kuppelbau liegt Prags großzügige Kathedrale des Konsums namens **Palladium**, dessen Besucherzahlen schon manche historische Sehenswürdigkeit übertroffen haben. Über die Flaniermeile zur Nationalstraße (Národni) stößt man auf die Kaffeehaustradition. Mit Wien und Budapest wetteiferte Prag seinerzeit um die literarische Krone. Das Café Slávia stieg dabei zum Nationaldenkmal auf. Das Café Louvre, in dem einst Franz Kafka und seine Zeitgenossen verkehrten, kann sich vor Touristen nicht mehr retten.

In den Seitenstraßen steckt oft noch ein morbider Charme des Zerfalls, der bei Filmemachern beliebt ist. Hollywoodstar Tom Cruise als eingeschworener Prag-Fan fand eine Ecke, die er für Moskau herhielt. Auf diesen Pfaden lässt sich auch ein »Klein-Paris« mit Boulangeries und Vinotheken entdecken.

SEHENSWERTES

1 Wenzelsplatz

2 Nationalmuseum I
(Hauptgebäude) ★

3 Nationalmuseum II
(Neues Gebäude)

4 Museum des Kalten
Krieges

5 Karlsplatz

6 Alter Botanischer
Garten

7 Wyschehrad
(Vyšehrad) ★

8 Tanzendes Haus

9 Náplavka (Anlegestelle)

10 Emmauskloster

11 Kafkas Haupt am
Quadrio

12 Heinrichsturm

13 Jerusalem-Synagoge

14 Mucha-Museum

15 Nekázanka 👁

16 Platz der Republik

17 Gemeindehaus/
Repräsentationshaus

18 Pulverturm

19 Museum des Kommu-
nismus 🚩

20 Nationalallee

21 Brücke der Legionen

22 Schützeninsel

23 Slawische Insel

24 Galerie Mánes

25 Metronom

26 Letná-Park

27 Chotek-Park

ESSEN UND TRINKEN

① S & I 🚩

② Bředovský dvůr

③ Matylda

④ Tiskárna

⑤ Špejle

⑥ Kantýna

⑦ Restaurant Art
Nouveau

⑧ Café Imperial

⑨ Café Slavia

⑩ Café Louvre

⑪ U Fleků

EINKAUFEN

⑫ Myslíkova

⑬ Palladium

⑭ Atelier Blanka
Matragi 🚩

ABENDGESTALTUNG

⑮ Nationaltheater

⑯ Laterna magika

LIFESTYLE

⑰ Gentlemen Brothers
Barber Shop

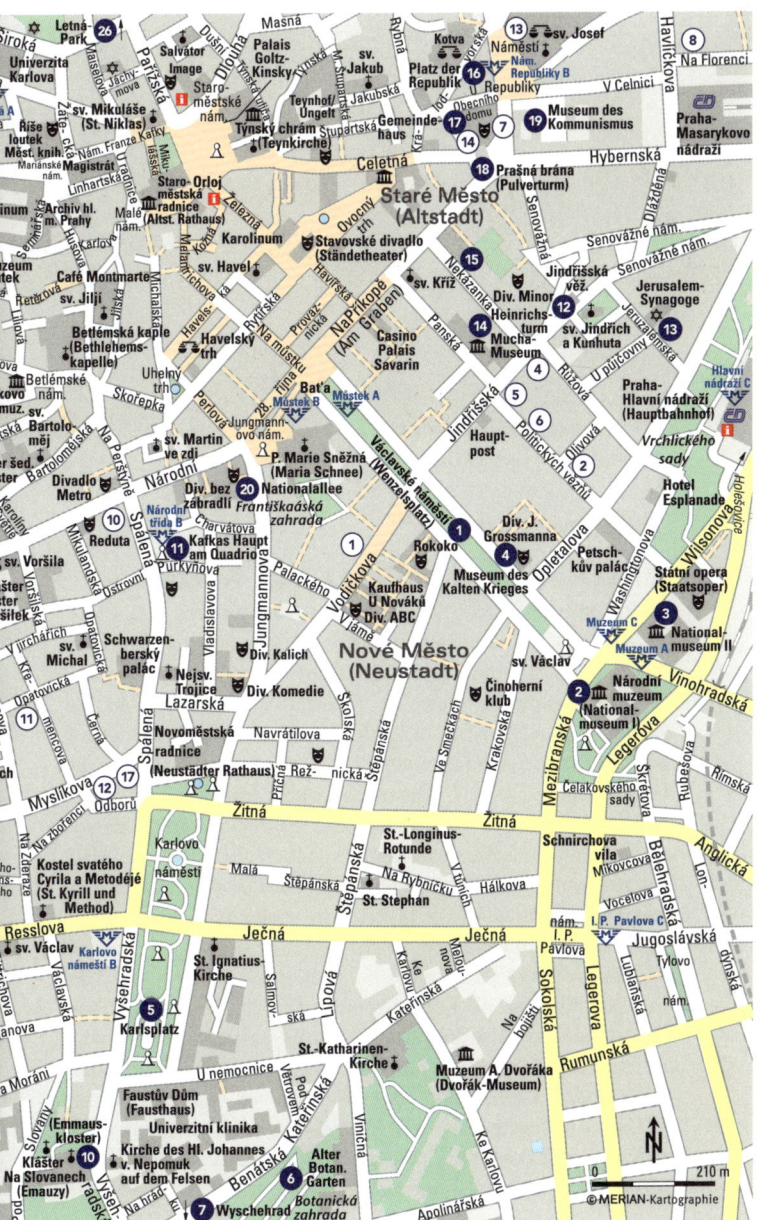

Eine Parodie auf die Reiterstatue am Wenzelsplatz hängt in der Lucerna Passage.

Sehenswertes

❶ WENZELSPLATZ (VÁCLAVSKÉ NÁMĚSTÍ) E5

Im Volksmund »Václavák« genannt, ist der Wenzelsplatz einer
der größten Plätze Europas. Er misst 750 x 60 m und wurde
von Karl IV. als Rossmarkt 1348 angelegt. Will der Prager sich
bei der Reiterstatue des hl. Wenzel verabreden, sagt er
schnoddrig: »Unter dem Pferd.« Die monumentale Gruppie-
rung in Bronze, die auf einem gewaltigen Sockel steht, wurde
1912 enthüllt. Den hl. Wenzel flankieren vier Landesheilige:
Ludmilla, Prokop, Agnes, Adalbert. Ihre symbolische Schutzmacht lockt die Massen an. Hierher ziehen alle Demonstrationen und spontanen Umzüge. Hier wurde die »Samtene Revolution« verkündet, Václav Havel zum Präsidenten ausgerufen,
jeder WM-Titel im Eishockey bejubelt, Silvester gefeiert und
gegen den Regierungschef Babiš protestiert. Es ist aber auch
ein Ort, an dem die Kontraste aufeinanderprallen. Luxusge-
schäfte neben Grillwurstständen, die Restaurants werden von
Touristenhorden belagert, und von einer Seitenstraße blinkt das
Rotlichtviertel. Hier gilt erhöhte Vorsicht vor Taschendieben.

Palais Lucerna: Das »Palais Laterne« am Wenzelsplatz wurde vom Großvater des Dichterpräsidenten Václav Havel von
1907 bis 1911 erbaut. Es hat sieben Stockwerke, drei Flügel und

ein Labyrinth an Passagen, das von der Mailänder Galleria inspiriert wurde. In diesem Komplex befinden sich beliebte Restaurants, ein Mehrzwecksaal für Konzerte, aber auch Boxkämpfe, ein Musikclub und ein Kino mit Nostalgie-Café, die allesamt im fabelhaften Art-déco-Stil gestaltet sind. Unter der zentralen Glaskuppel hängt das »zu Tode gerittene Pferd«. Den Titel vergab Bildhauer David Černý für seine Skulptur: Das Pferd hängt kopfüber nach unten, bäuchlings auf ihm reitet Wenzel. Eine Parodie auf den Kult um den Landesheiligen.

Lucerna pasáž, drei Eingänge: Wenzelsplatz 38, Štěpánska 61, Vodičkova 36 | Metro: Můstek, Tram: Václavské náměstí | www.lucerna.cz, Konzertsaal: www.lucpra.com

MERIAN TOP 10

❷ NATIONALMUSEUM I (NÁRODNÍ MUZEUM, HAUPTGEBÄUDE) E/F5

Das Neorenaissance-Gebäude dominiert seit 1891 den Wenzelsplatz. Nach den Kriegsschäden von 1945 und 1968 wurde es aufwendig saniert und 2018 wiedereröffnet. Auf Weltniveau aufgewertet, erlebt man ein Raumwunder aus Licht, Statuen und Marmorpracht sowie ein grandioses Treppenatrium. Unterirdisch erweitert, wandert man von Urzeiten bis in die Gegenwart. Dinosaurier stehen hier in einer Dimension, die es sonst nur im New Yorker Museum of Natural History gibt. Von der Kuppel aus bietet sich ein faszinierender Blick über Prag.

Václavské náměstí 68 | Metro: Muzeum | tgl. 10–18 Uhr | www.nm.cz | Eintritt 260 Kč, erm. 170 Kč, Kombiticket inkl. Nationalmuseum II: 460 Kč, erm. 340 Kč

❸ NATIONALMUSEUM II (NEUES GEBÄUDE) F5

Der Börsenpalast von 1937 erhielt von der kommunistischen Regierung 1948 eine neue Funktion. Diese Wandlung symbolisierte zugleich die Ideologie: Vom »Tempel des Geldes« wird ein »Tribunal des Volkswillens«. Eine gewaltige Stahlkonstruktion überbrückte 1974 die Ex-Börse, als wäre eine Mondfähre

Grüße aus dem Atombunker

Die Angst vor einem Nuklearkrieg zählt nicht gerade zu den aktuellen Themen. Eigentlich zu Unrecht, da schon wieder ein neues Wettrüsten im Gange ist. Ein Besuch im ehemaligen **Schutzbunker** erinnert an eine Vergangenheit, die hoffentlich nicht noch einmal aufleben wird.

März 1954. Eine Bombenlücke aus dem Zweiten Weltkrieg am Wenzelsplatz sollte durch ein neues Hotel geschlossen werden. Eine schlichte sozialistische Unterkunft war geplant. Die Dinge änderten sich aber, als der damalige Präsident **Antonín Zápotocký** (1953–57) eingriff. Diesen Standort unterhalb des Nationalmuseums mit dem Landesheiligen Wenzel als Reiterdenkmal schräg gegenüber sah er als ideal an für das luxuriöseste Hotel des Ostblocks. Es sollte für Staats- und Parteigäste, Lobbyisten sowie Filmstars bestimmt sein. Der Architekt Antonín Tenzer bekam freie Hand. Den Sandstein und Marmor für die Fassade suchte der Präsident persönlich aus, er war ja schließlich gelernter Steinmetz. Die Namenswahl schmeichelte dem großen »Bruder«, der Sowjetunion: **»Jalta«**, ein Badeort auf der Halbinsel Krim.

Ein Gerücht, das diesem Prestigeobjekt anhaftete, bestätigte sich erst nach der Wende 1990: Unter dem Keller des Hotels Jalta befindet sich ein Atomschutzbunker. Ein bürgerlicher Verein machte 2013 daraus das **Museum des Kalten Krieges** (→ S. 146). Sieben Guides wechseln sich ab, angepasst in grünen Armeeuniformen der damaligen Zeit. Die Panzertür lässt sich mit zwei Hebeln wie bei einem Banktresor öffnen. Die drei Meter dicken Betonwände schützen mit einer Bleifüllung vor radioaktiver Strahlung. Für etwa 150 Personen gab es nur eine Toilette. »Die Nutzung musste man sicher richtig organisieren«, witzelt einer der Bunkerführer. Ausgestattet mit einer OP-Ambulanz, war man für den Notfall gerüstet. Skalpelle, Spritzen, Scheren, Pinzetten und Nierenschalen liegen für den authentischen Eindruck aus. Auf einer Wandtafel irrlichtern

Der Atombunker unter dem Luxushotel Jalta am Wenzelsplatz war das größte und teuerste Geheimprojekt des Sozialismus.

Lämpchen. Sie markieren die Linien, an denen damals die Truppen der beiden verfeindeten Blocks stationiert waren. West gegen Ost, **Imperialismus gegen Kommunismus**. Eine grafische Darstellung mit Richtungspfeilen der angenommenen Vorstöße zeigen den »höchst wahrscheinlichen Verlauf« des erwarteten Angriffs.

Die technische Ausrüstung dieser Kommandozentrale wirkt wie in einem Film und enthält alle damals verfügbaren Kommunikationstechniken, um über die Landeslage im Kriegsfall informiert zu sein. Die Oberbefehlshaber hatten auf harten Stühlen vor einfachen Schreibtischen auszuharren und auf Feldbetten zu schlafen, wie sie es bei Übungen auch trainiert hatten. Bei Stromausfall stand ein Dynamo mit Handkurbel bereit. Die Luftreinigung durch Filter hätte etwa 72 Stunden funktioniert, unter dem Bunker lag zudem noch ein Wassertank. Die Besichtigung endet vor einer Geheimtür: Dahinter verbirgt sich eine **Überwachungszentrale**. Alle Hotelzimmer waren verwanzt, alle verdächtigen Telefonate wurden aufgezeichnet. Man misstraute auch den eigenen Genossen.

Die Rotunde des hl. Martin stammt aus dem 11. Jh. In der Dachlaterne leuchten ein vergoldetes Kreuz und ein Halbmond.

auf dem Dach gelandet. Ironie der Geschichte: Nach der Wende zog das Radio Freies Europa als CIA-Propagandasender (1994–2002) dort ein. Nach dem Ende des »Radiokrieges« wurden die Räume dem Nationalmuseum übergeben und bieten einen historischen Rückblick.

Vinohradská 1 | Metro: Muzeum | www.nm.cz | ganzjährig tgl. 10–18 Uhr | Eintritt siehe Hauptgebäude

❹ MUSEUM DES KALTEN KRIEGES (MUZEUM STUDENE VÁLKY) E5

Ein Atombunker unter dem Luxushotel Jalta. Er wurde für den Krisenstab, etwa 150 Personen, um 1957 eingerichtet und bis zur Wende geheim gehalten. Mittlerweile wurde der Bunker zum Museum umgewandelt, in dem man erfährt, wie die Vorbereitung auf einen Atomkrieg aussah (→ S. 144).

Im Boutique-Hotel Jalta | Václavské náměstí 45 | Metro: Muzeum | Tel. 7 37 05 42 52 | www.muzeum-studene-valky.cz | Mo–Fr 13 bis 17.30 Uhr nach Termin

⑤ KARLSPLATZ (KARLOVO NÁMĚSTÍ) D5/6

Dieser Platz wird oft »Karlák« genannt und ist ebenfalls eine Gründung Karl IV., die ursprünglich für den Viehmarkt gedacht war. In der Mitte grünt es, und kein Prager Park hat mehr Statuen. Die ältesten Ahornstämme sind noch Zeugen des ersten Prager Fenstersturzes 1419. In dem Turm, der zwischen 1377 und 1418 errichtet wurde und 70 m hoch ist, führen 212 Stufen zum Aussichtsbalkon hinauf.

Novoměstská radnice (Rathaus) | Metro/Tram: Karlovo náměstí | www. nrpraha.cz | Turm: April–Okt. Di–So 10–18 Uhr | Eintritt 60 Kč, erm. 40 Kč

⑥ ALTER BOTANISCHER GARTEN (STARÁ BOTANICKÁ ZAHRADA) D6

Dornröschenschlaf hinter der Karlsuniversität für Naturwissenschaften: In einem alten Glashaus wachsen die Pflanzen, wie sie wollen, und verschlingen sich ineinander, als wären Geister hier die Gärtner.

Na slupi 16 | Tram: Botanická zahrada | www.bz-uk.cz | tgl. 10–16.30 (Glashaus), tgl. bis 18, April–Aug. tgl. bis 19.30 Uhr (Garten) | Eintritt 100 Kč, erm. 50 Kč

MERIAN TOP 10

⑦ WYSCHEHRAD (VYŠEHRAD) D/E7/8

Noch bevor der Hradschin entstand, residierte die Stammesfürstin Libuše (Libussa) auf diesem Felsvorsprung, auch Prager Hochburg genannt, über der schäumenden Moldau. Dorthin warf sie Liebhaber, derer sie überdrüssig geworden war, zumindest der Legende nach. Die romanische Rotunde des hl. Martin aus dem 11. Jh. ist der älteste vollständig erhaltene Bau. Von der im 10. Jh. entstandenen Festung ragen nur noch Ruinen auf.

CTIRAD A ŠÁRKA (KONRAD UND SANDRA)

Das Paar aus dem »Amazonenkrieg«, in welchem die Frauen gegen die Männer kämpften, sowie die Urmutter der Nation, Libuše, und ihr Přemysl Oráč, jener Pflüger, der Prags Grenzen markierte – diese gewaltigen Gruppenskulpturen machen den

Futuristisch steht das Tanzende Haus am Moldauufer. Es symbolisiert den Dialog innerhalb der Gesellschaft mittels Statik und Dynamik.

Park zum märchenhaften Sagenwald. Vom Bildhauer Václav Myslbek 1897 in Stein gemeißelt, standen sie ursprünglich auf der Moldauer Palacký-Brücke. Nach 1948 wurden sie auf den Wyschehrad versetzt. Die alte Sagenwelt passte nicht mehr zum Kommunismus.

Metro: Vyšehrad, Tram Výtoň | www.praha-vysehrad.cz

ST.-PETER-UND-PAUL-KIRCHE (BAZILIKA SV. PETRA A PAVLA NA VYŠEHRADĚ)

Auf 900 Jahre altem Fundament erheben sich die pseudo-gotischen schwarzen Türme. Das Portal wurde 1903 im Jugendstil umgestaltet. Der Innenraum der Kirche ist mit Bibelszenen im Art-déco-Stil illustriert, eine farbenprächtige Illusion, mehr weltlich als heilig. Über 40 Kirchenfürsten, Bischöfe und Kardinäle befinden sich in der Portraitgalerie. Das Glockenspiel hat ein umfangreiches Repertoire von 50 Melodien, das je nach All- und Festtag dargeboten wird.

Štulcova | Metro: Vyšehrad, Tram Výtoň | www.kkvys.cz | April–Okt. tgl. 10–18, Do 17.30, Nov.–März 10–17, sonntags immer ab 10.30 Uhr | Eintritt 50 Kč, erm. 30 Kč

NATIONALFRIEDHOF SLAVÍN (EHRENFELD)

Um 1870 für die großen Geister der Nation angelegt, wirken die kunstvollen Grabsteine mit apokalyptischen Engeln, Marmorpracht und Mosaikkunst wie eine Freiluftgalerie des Jugendstils und Art déco. Über 600 Persönlichkeiten ruhen hier, darunter die Komponisten Bedřich Smetana, Antonín Dvořák, aber auch der Popsänger Waldemar Matuška, der 2009 verstorben ist. Auf seinem Grabmal ist eine Gitarre eingeritzt.

Soběslavova | Metro: Vyšehrad, Tram Výtoň | www.hrbitovy.cz | Mai bis Sept. tgl. 8–18, März, April, Okt. bis 18, Nov.–Feb. bis 17 Uhr

GORLICE-SAAL UND KASEMATTEN

Mauerbefestigter Erdschlund: Unter mächtigem Wallgewölbe, in dem einst Schießpulver zu Prags Artillerieverteidigung lagerte, ruhen sechs Originalstatuen der Karlsbrücke, darunter der hl. Wenzel. Geführte Besichtigung auch auf Deutsch.

V Pevnosti 5, Infocenter im Spitzen Tor | Metro: Vyšehrad, Tram Výtoň | www.praha-vysehrad.cz | April–Okt. 9.30–18, Nov.–März bis 17 Uhr | Eintritt 120 Kč, erm. 90 Kč

❽ TANZENDES HAUS (TANČÍCÍ DŮM) D6

Der Kosename, der auf das Hollywood-Tanzpaar Ginger und Fred zurückgeht, kommt von der Silhouette: ein Doppelhaus, wobei sich eines mit Schwung an das andere lehnt. »Ginger« ist vollverglast und swingt, »Fred« gemauert und kerzengerade. Der Stararchitekt Frank Owen Gehry aus Kalifornien setzte 1996 am rechten Moldauufer ein Signal für das neue Prag. Die gewohnte Statik steht auf dem Kopf. In der Erdkugel auf dem Dach befindet sich die Glass Bar mit Panoramablick.

Jiráskovo náměstí 16 | Tram: Jiráskovo náměstí | www.tadu.cz | Glass Bar tgl. 10–24 Uhr | Ausstellungen: www.galerietancicidum.cz | tgl. 10 bis 20 Uhr | Eintritt 190 Kč, erm. 100 Kč

❾ NÁPLAVKA (ANLEGESTELLE) D6/7

Neue Pragerweiterung, Start ist am Tanzenden Haus. Von der Jirásek-Brücke bis zum Eisenbahnviadukt wurde der Moldaukai revitalisiert. Hier ist ein Treiben wie an der Seine in Paris mit ankernden Themenschiffen, die Liveprogramm, Musik und Partys bieten. Spektakulär wirken die runden Schaufenster in den groben Kaimauern. Sie sind Teil von verlassenen Lagerbunkern, die zu Galerien und Kunstateliers umgewandelt wurden. Abends spiegelt sich ein Lichtermeer im Wasser, und in der Ferne strahlt der Hradschin.

Rašínovo nábřeží | Tram: Jiráskovo náměstí | www.prazskenaplavky.cz

❿ EMMAUSKLOSTER (KLÁŠTER NA SLOVANECH/EMAUZY) D6

Kaiser Karl IV. gründete diesen slawischen Vatikan. Der Bau begann 1347, bei der Einweihung der Kirche Unserer Lieben Frau wurde aus dem Neuen Testament über die Reise Jesu nach Emmaus vorgelesen, daher der Name. Bei Luftangriffen der Alliierten brannte das Kloster 1945 vollständig aus. Das eingestürzte Kirchendach wurde 1969 durch eine avantgardistische Konstruktion ersetzt. Aus Sichtbeton, 32 m hoch, wird sie wegen der Form scherzhaft »fliegende Nonnenhaube« genannt. Eindrucksvoll ist der alte Kreuzgang mit wertvollen Fresken.

Vyšehradská 49 | Metro/Tram: Karlovo Náměstí | www.emauzy.cz | Mai–Okt. Mo–Sa 11–17, Nov.-April Mo–Fr bis 16 Uhr | Eintritt 60 Kč, Kinder, Senioren 40 Kč

⓫ KAFKAS HAUPT AM QUADRIO D5

Die größte Büste der Welt ist im Guinness-Buch der Rekorde notiert. Sie glänzt wie ein Spiegel und ist in 42 Querscheiben geschnitten, die sich einzeln, unabhängig voneinander um die eigene Achse drehen. Für den Bildhauer David Černý drückt diese Umsetzung Kafkas Selbstzweifel aus, die den Schriftsteller plagten. Wer bin ich, wo bin ich, was mache ich? Nicht umsonst bat Kafka seinen Freund Franz Werfel, alle seine Werke nach seinem Tod zu vernichten. Kafka hielt sie als nicht erhaltenswert für die Zukunft. Werfel erfüllte den letzten Wunsch Kafkas nicht und rettete damit einen Schatz der Weltliteratur. Die Büste, 10 m hoch, wiegt 39 t, den Motorantrieb der Kopfdrehungen steuert ein Computerprogramm.

Spálená 22 | Metro/Tram: Národní | www.davidcerny.cz

Kolossal, und Kafka steckt im Detail: In glänzende Stahlscheiben zerlegt, rotiert sein Kopf, der größte der Welt, am Quadrio.

⑫ HEINRICHSTURM (JINDŘIŠSKÁ VĚŽ) E4

Kaiser Karl IV. begann mit der Planung für dieses Objekt. Wie ein Leuchtturm sollte es schon von Weitem signalisieren, wo der Heumarkt liegt, der drittwichtigste wirtschaftliche Umschlagplatz nach Vieh- und Rossmarkt. Der gotische Bau, 65 m hoch, teilt sich in zwölf Stockwerke. Unter den Balken der Dachschräge befindet sich ein Restaurant. Eine Ausstellung frischt Prags Mittelalter auf. Der Turm zählt zu den magischen sieben Punkten, die man besteigen muss.

Jindřišská (Straße) 33 | Metro: Náměstí Republiky | www.jindrisskavez.cz | tgl. 10–19 Uhr | Eintritt 140 Kč, erm. 80 Kč

⑬ JERUSALEM-SYNAGOGE (JUBILEJNÍ JERUZALÉMSKÁ SYNAGOGA) F4

Die gestreift-maurische Fassade wirkt, als wäre man im Orient gelandet. Als Prags jüngste Synagoge wurde sie 1906 errichtet und ist innen üppig mit goldenen Mosaiken und Messingleuchtern ausgestattet. Alles strotzt vor reichen Ausschmückungen im Stil des Wiener Jugendstils. Für eine Synagoge unüblich, gibt es dort eine Orgel, die nur bei weltlichen Konzerten ertönt.

Jeruzalemská 7 | Metro: Muzeum, Tram: Jindřišská | www.synagogue.cz | So–Fr 10–17 Uhr | Eintritt 100 Kč, erm. 60 Kč

Nekázanka: eine Straße der Bankpaläste wie in London. Bei den Fotografen ist sie beliebt für Fashionshootings mit Großstadtflair.

⑭ MUCHA-MUSEUM (MUCHOVO MUZEUM) E4

Alfons Mucha (1860–1939) war Grafiker, Maler und Designer. Er wurde an der Prager Kunstakademie abgelehnt, erlangte später aber in Paris 1894 mit Plakaten für Sarah Bernhardt Berühmtheit. Nach 1948 passte den Kommunisten Muchas »Stil der Bourgeoise« nicht mehr, da sie ihn als zu dekadent empfanden, sein Werk wurde verpönt. Nach der Wende gehörte Mucha zusammen mit Kafka zu den wichtigsten Symbolträgern der Prager Wiedergeburt. Im Palais Kaunitz lässt sich an rund 100 Werken – Ölmalereien, Zeichnungen, Pastellzeichnungen, Statuen, Fotografien – und persönlichen Gegenständen die berauschende Jugendstilzeit von Mucha bewundern. Mit seiner Kunst wird weltweit für Prag touristisch geworben, sehr zum Missfallen der Erben. Aber da lässt sich nichts machen: Mucha hat sein »Slawisches Epos« dem Staat vermacht. Leider wurde für diesen Bilderzyklus in Prag immer noch keine Galerie für eine Dauerausstellung gefunden.

Kaunický Palác | Panská 7 | Metro: Můstek, Tram: Jindřišská | www. mucha.cz | tgl. 10–18 Uhr | Eintritt 300 Kč, erm. 200 Kč

⑮ NEKÁZANKA E4

Nachdem Kaiser Karl IV. den Grundriss für die Neustadt 1348 angelegt hatte, trieb er persönlich die Bauarbeiten tüchtig voran. Bei einem seiner Rundgänge, so die Legende, entdeckte er eine Gasse, die er nicht geplant hatte – ein Fehler der Baumeister. Erst zornig, ließ Karl IV. dann doch Milde walten: »Mit Gottes Segen soll sie bleiben, aber sie wird die Unverordnete heißen« (*nekázanka* auf Tschechisch). Sie fällt beim Flanieren am »Goldenen Kreuz« durch das Neorenaissance-Bankgebäude auf, das mächtig und mit Wappen verziert ist wie eine Burg. Eine Hausbrücke über die Straße schließt zum nächsten Bankpalast an, das frühere Prager Finanzzentrum. Es ist so imposant, dass man glaubt, in London zu sein.

Ecke Na příkopě 20/Nekázanka | Metro: Můstek

⑯ PLATZ DER REPUBLIK (NÁMĚSTÍ REPUBLIKY) E4

Zwischen Alt- und Neustadt befindet sich der Platz der Republik mit bedeutenden Bauten aus der Wendezeit vom 19. zum 20. Jh. im architektonischen Stilmix: das Gemeindehaus im Secessionsstil neben dem mittelalterlichen Pulverturm, gegenüber der imperiale Bau des Theaters Hybernia. Die barocke Kaserne, ursprünglich nach dem Hussitenkönig Georg von Podiebrad benannt, wurde zum Shoppingcenter Palladium umgebaut, innen ein ultramodernes Babylon. Der Platz wird auch für Märkte, Straßenfeste und Street-Art-Events genutzt.

Metro/Tram: Náměstí Republiky

⑰ GEMEINDEHAUS/REPRÄSENTATIONSHAUS (OBECNÍ DŮM) E4

Ein Prachtbau für die Kultur: Konzertsaal, Galerie, Art-déco-Café, französisches Restaurant, American Bar, Art Shop, Antiquitäten und der teuerste Schuhladen Prags (Stuart Weizman), außerdem Sitz des Prager Sinfonieorchesters FOK (Film, Oper, Konzert). Der Besichtigungsrundgang führt durch den Smetana-Saal, Slawischen Salon, Božena-Němcová-Salon (nach der

Unter dem Gotikgewölbe wurde einst Schießpulver gelagert, daher auch der Name für den Pulverturm.

Schriftstellerin benannt), Orientalischen Salon, Gregor-, Pa-lacký-, Primator-, Rieger- sowie den Sladkovský-Saal. An dem Dekor waren die führenden Künstler beteiligt, auch Alfons Mucha, der »Fürst des Jugendstils«.

Náměstí Republiky 5 | Metro/Tram: Náměstí Republiky | www.obecni dum.cz | Infocenter, Kasse: tgl. 10–20 Uhr | Eintritt 290 Kč, erm. 240 Kč | Reservierung notwendig

⑱ PULVERTURM (PRAŠNÁ BRÁNA) E4

Beginn des Königswegs und einst Teil des Alten Königshofs aus dem Jahr 1475. Neben dem »Reprähaus« steht dieser Wachturm, 65 m hoch, breitbeinig wie ein schwarzer Ritter. Er ist zweckdienlich benannt, denn im 17. Jh. lagerte die Armee hier das Schießpulver. All die schönen Ornamente, Reliefs und Statuen kamen erst 1886 an die Fassade. Seitdem krönt auch ein Walmdach die neugotische Kopie. Vom oberen Turmbal-kon auf 44 m Höhe eröffnet sich ein reizvoller Ausblick.

Náměstí Republiky 5 | Metro/Tram: Náměstí Republiky | www.muzeum prahy.cz | April–Sept. tgl. 10–22, März, Okt. bis 20, Nov.–Feb. bis 18 Uhr | Eintritt 100 Kč, Kinder, Senioren 70 Kč

ⓘ⁹ MUSEUM DES KOMMUNISMUS (MUZEUM KOMUNISMU) E4

Die tschechoslowakische Ära der Diktatur (1948–1989) wird hier veranschaulicht: Propaganda, Stasi (StB), Volksmilizen, Arbeitslager, aber auch Einblicke in Alltag, Sport und Kunst (sozialistischer Realismus). Wer von all den Dingen wenig Ahnung hat, bekommt eine Lehrstunde, wie die ideologische Gehirnwäsche funktionierte. Eine vielschichtige Dokumentation mit suggestiver Wirkung.

V Celnici 4 | Metro/Tram: Náměstí Republiky | www.muzeumkomunismu.cz | tgl. 9–20 Uhr | Eintritt 290 Kč, Senioren 270 Kč

ⓘ²⁰ NATIONALALLEE (NÁRODNÍ TŘÍDA) D5

Im Jahr 1781 wurde der nutzlos gewordene Wehrgraben vor der Altstadt zugeschüttet. Die neue Straße entwickelte sich zum repräsentativen Boulevard. Hier etablierte sich die Prager Kaffeehaustradition (Café Louvre, Café Slávia). Die kulturelle Krönung brachte im Jahr 1881 das **Nationaltheater** (Národní divadlo, → S. 165). Nirgendwo sonst in Prag konzentrieren sich so viele architektonische Stilrichtungen so dicht nebeneinander: Barock (Ursulinenkirche, 1678), Rokoko (»Kaňkův dům«, 1740), Klassizismus (»Palác Platýz«, 1815), Neorenaissance (Sparkassenbank, 1858, heute Akademie der Wissenschaften), Jugendstil (Verlagshaus »Topič«, 1906) und Rondokubismus (Palais Adria, 1926).

Národní třída | Palác Adria/Ecke Jungmannova | Metro: Můstek, Metro/Tram: Národní | www.galeriekritiku.cz | Di–So 11–18 Uhr | Eintritt 40 Kč, erm. 20 Kč

PALÁC CHICAGO (1927)

Ebenfalls an der Nationalallee, steht dieses Palais für Funktionalismus, genauso wie der »ARA Palace«, über dessen Eröffnung 1928 als Kaufhaus sogar in New York berichtet wurde. Konstruktivismus repräsentiert der »Palác Dunaj« (1930), Brutalismus die »Nová scéna« (Neue Szene).

Národní třída | Metro: Můstek, Metro/Tram: Národní

Schützeninsel: grüner Park, kleiner Strand, feiner Sand. Im Sommer herrscht Partystimmung bei Open-Air-Rockkonzerten.

PALÁC DRN

Zwischen üppig dekorierten historischen Häusern voller Schnörkel, Simsen und Balkonen erblüht als optischer Gegenpol »grüne Architektur«. An der Glasfassade des achtstöckigen Bürogebäudes ziehen sich Kletterpflanzen hoch, Gärten wachsen auf den Balkonen. Im Innenhof fusioniert das Baujahr 2018 mit dem 18. Jh.

Národní třída 14 | Metro/Tram: Národní divadlo

㉑ BRÜCKE DER LEGIONEN (MOST LEGII) C5

Prächtig nehmen sich die zwei Mautwarten im Stil der Neorenaissance aus. Der Architekt Antonín Balšánek gestaltete auch das Gemeindehaus (Obecní dům). Die 1901 eröffnete Brücke wurde zuerst nach Kaiser Franz I. benannt, erhielt nach der Republikgründung jedoch zu Ehren der Tschechoslowakischen Legionen einen neuen Namen. Diese Einheiten kämpften im Ersten Weltkrieg an verschiedenen Fronten und waren auch am Bürgerkrieg in Russland beteiligt, indem sie die Transsibirische Eisenbahnlinie von Ural bis nach Wladiwostok kontrollierten. Dieses Kapitel wollten die Kommunisten aus der Geschichte streichen, indem sie die Brücke nach dem Arbeiterfeiertag 1. Mai benannten. Nach der Wende wurde der Heldenkult um die Legionäre aber neu belebt.

Tram: Národní divadlo

22 SCHÜTZENINSEL (STŘELECKÝ OSTROV) C5

Im Jargon wird die Insel »Střelák« genannt und ist eine Erholungsoase im Schatten der alten Kastanien mit malerischem Blick auf die Karlsbrücke. Im Sommer gibt es ein Open-Air-Festival, ein Bierschiff am Ufer sowie ein Terrassen-Restaurant. Barfuß im Sand fühlt sich der winzige Strand an der Nordspitze karibisch an. Er ist auch ein Treffpunkt der Esoteriker, um von hier eine »Botschaft des Herzens« in die Welt zu senden. Für Anhänger von Yoga und Tantra sowie Buddhisten, Taoisten, Kabbalisten gilt Prag ohnehin als ein spirituell-magisches Zentrum. Der Dalai Lama fühlte sich auf der Karlsbrücke wie zu Hause in Tibet. Das Rauschen der Moldau-Kaskaden verglich er mit dem Flüstern der Götter.

Most legii | Tram: Národní divadlo | www.prague.eu | April–Okt. tgl. 6–23, Nov.–März bis 20 Uhr

23 SLAWISCHE INSEL (SOPHIENINSEL/ ŽOFÍN) D5/6

Eine Moldauinsel als Prags »kleine Riviera«: Park mit altem Baumbestand, Garten mit Gastronomie, ein Bootsverleih, der alles zum Paddeln, Treten, Rudern anbietet, auch mit Schwanenhals oder als Wassercabrio. Das Palais Žofín blendet innen mit Gold-Dekor. Der Nationalkomponist Bedřich (Friedrich) Smetana dirigierte hier 1882 die Uraufführung seines sinfonischen Zyklus »Má vlast« (Mein Vaterland). Auf der gleichen Bühne wurde 137 Jahre später der Sarg von Karel Gott zum letzten Abschied aufgebahrt.

Slovanský ostrov | Tram: Národní divadlo | www.zofin.cz

24 GALERIE MÁNES D5

Ein geometrisch weißer Komplex über dem Moldaukanal als architektonische Legende, Baujahr 1930. Überragt wird er von einem frühmittelalterlichen Wasserturm, der im Kontrast zum ornamentreichen Jugendstilufer steht. Egal, was hier ausgestellt wird, das Raumgefühl ist mitreißend.

Masarykovo nábřeží 1 | Tram: Jiráskovo náměstí | Mo, Mi, Fr–So 11–22, Do bis 20 Uhr | Eintritt 100 Kč, erm. 50 Kč

🅭 METRONOM (HÜGEL LETNÁ) D3

Von den Moldaubrücken aus gut sichtbar: die rote Stahlnadel, die am Himmel kratzt. Das ist das Pendel vom Metronom auf dem Hügel Letná, hoch über der Stadt. Seit 1991 gibt es den Takt vor (falls das Werk nicht gerade streikt). Von seinem Erschaffer Vratislav Novák »Time Machine« (Zeitmaschine) genannt, steht sie auf dem Sockel, auf welchem sich einst eine 1955 enthüllte, überdimensionale Stalin-Statue erhob. Das größte Denkmal des Diktators auf dem Globus fristete ein kurzes Dasein. Es wurde 1962 mit Dynamit gesprengt. Der Bildhauer des Werkes, Otakar Švec, beging schon vorher Selbstmord. Das Metronom soll mahnen, die Fehler der Vergangenheit nicht zu wiederholen.

Letenské sady | Tram: Čechův most (Brücke)

🅮 LETNÁ-PARK (LETENSKÉ SADY) C/D3

Der Prager »Sommerpark« hat seinen Namen verdient. Weite Wiesen, alte Bäume, von Platanen beschattete Wege, Parkbänke sowie Aussichtspunkte über die Neu- und Altstadt aus einer anderen Perspektive. Und überall gibt es etwas zu entdecken.

Kramářova vila: die größte Villa Prags im Neobarockstil (1914). Mit 56 Zimmern ist sie seit 1998 die Dienstresidenz des Ministerpräsidenten, beim Tag der offenen Tür ist sie öffentlich zu besichtigen (www.vlada.cz).

Brüsseler Pavillon (Expo 58): bei der Weltausstellung mit Goldmedaille und 13 Preisen ausgezeichnet, am Letná-Hügel wiederaufgebaut. Die leichte Stahlrahmenkonstruktion, rundum verglast, schwebt mit der Leichtigkeit eines fliegenden Teppichs über dem Moldauufer. Im Sozialismus befand sich darin ein Luxusrestaurant, das Staatsbesuchern stolz präsentiert wurde. Im Jahr 1991 brannte das Gebäude jedoch nieder. Nachdem es renoviert worden war, wurde es an eine Werbeagentur vermietet. Somit ging der einstige Prestigeglanz des Pavillons verloren.

Hanavský-Pavillon: ein gusseiserner Pavillon, der zur Landesausstellung 1891 errichtet wurde. Er ist verschnörkelt, als wäre er ein Vogelkäfig aus Mozarts Oper »Die Zauberflöte«.

Wo einst die mächtige Stalin-Gruppenstatue stand, gibt heute ein Metronom den Takt an: Die Zeiten ändern sich.

Als Luxusrestaurant wird der Pavillon oft für Hochzeiten gebucht. Man hat von dort einen Blick auf sieben Moldaubrücken, wie auf dem Silbertablett serviert (www.hanavsky-pavilon.cz).

Letenský zámeček: Das Letná-Schlösschen bietet Gastronomie in allen Klassen: von Gourmet im Designer-Ambiente bis Biergarten und Barbecue im Freien. Am Rande des Parks steht das Technische Nationalmuseum (Národní technické muzeum) und unweit das Fußballstadion des »AC Sparta Praha«.
Tram: Chotkovy sady | Tel. 2 33 37 82 00 | www.letniletna.cz (Kulturprogramm), www.letenskyzamecek.cz (Gastronomie)

㉗ CHOTEK-PARK (CHOTKOVY SADY) C3

Mit dem Letná-Park durch eine formschöne Fußgängerbrücke verbunden. Der erste öffentliche Stadtpark (1832) in Prag befindet sich hinter dem Sommerschloss der Königin Anna. Er wurde waldreich mit mehr als 55 Baumarten sowie verträumt mit Wasserfall, Bach und kleinen Teichen angelegt. Eine Felshöhle aus 100 Granitquadern ehrt den Nationalromantiker Julius Zeyer (1841–1901). In weißen Marmor gehauen, trauern die Figuren aus seinen Romanen. Das Panorama durch die Baumkronen gilt als romantischster Blick auf Prag.
Tram: Chotkovy sady

Essen und Trinken

① *Ideen fürs Wohnen gehen durch den Magen* S & I E5

Café, Restaurant und Einrichtungsstudio in einem. Ein Mix aus Vintage, Ultramodern, Retro-Schick, Öko und Ethno lädt mit delikater Bewirtung zum Probewohnen ein. Der Designer-Garten, bestuhlt im Landhausstil, entzückt. Wohlfühlen, genießen.

Vodičkova 35 | Metro: Můstek, Tram: Vodičkova | Tel. 2 22 54 31 28 | www.stylainterier.cz | Mo–Fr 8.30–22, Sa bis 22.30, So bis 20 Uhr | €€

② *Mit Knoblauch schmeckt alles besser* BŘEDOVSKÝ DVŮR E5

Böhmische Küche mit allen Klassikern kreativ aufgelegt. Hier sitzt man unter Gewölbe mit grobem Gemäuer stimmungsvoll und genießt das bestgezapfte Pilsner Urquell der Stadt. Der Schankwirt besitzt ein Meisterdiplom.

Politických vězňů 13 | Metro: Muzeum | Tel. 2 24 21 54 27 | www.restauracebredovskydvur.cz | Mo–Sa 11–24, So bis 23 Uhr | €€

③ *Warten auf Agatha Christie bei Spaghetti con gamberi* MATYLDA D5

Beim Tanzenden Haus vor Anker. Nostalgisches Flair, Leder, Mahagoni und Messinglampen. Original italienische Küche, Fisch und Meeresfrüchte. Dazu gibt es einen super Moldaublick auf den Hradschin.

Masarykovo nábřeží 1 | Tram: Jiráskovo náměstí | Tel. 7 24 80 01 00 | www.botelmatylda.cz | tgl. 11–23 Uhr | €€–€€€

④ *Knödel light, Rezepte aus der Ersten Republik wiederentdeckt* TISKÁRNA (DRUCKEREI) E4

In einer ehemaligen Druckerei. Die Buchstaben sind wie in Satzkästen an die Wand gebannt, grüne Botanik im Atrium. Die Speisekarte liest sich wie literarische Belletristik, am liebsten würde man alles probieren. Und wenn das Essen auf den Teller kommt, gibt es nichts zu bemängeln. Nicht mal auf Tripadvisor, und das will was heißen.

Jindřišská 22 | Tram: Jindřišská | Tel. 6 02 44 88 54 | www.restaurace tiskarna.com | tgl. 8–23 Uhr | €€

Wie in Paris: Im Restaurant Art Nouveau sang auch Edith Piaf, aber nur im Film.

(5) *Hier steht der Ge-schmack an erster Stelle*
ŠPEJLE (HOLZ-STÄBCHEN) E4

Fingerfood, Designer-Häpp-chen, Tapas, Tandoori, Tatar. Kalt, warm, süß mit Selbstbe-dienung von der Theke. Es wird nach Anzahl der Holz-stäbchen (à 29 Kč) bezahlt. Naturambiente mit Bäumen zwischen den Tischen. Ge-tränke werden serviert.

Jindřišská 16 | Tram: Jindřišská | Tel. 6 06 77 35 53 | tgl. 8 bis 23 Uhr | €–€€

(6) *Metzger, Köche und Feuer*
KANTÝNA (KANTINE) E4

Aus einer Bank wurde eine Metzgerei mit Restaurant. Das Auge wählt, der Grill-meister legt das Ausgesuchte auf den Rost. Die Steaks sind von allerbester Qualität. Be-liebt ist eine Platte mit ge-mischtem Aufschnitt. Sie wird in die Tischmitte gelegt, sodass jeder zugreifen kann. Das Fleisch stammt aus art-gerechter Tierhaltung. Hier trifft sich das junge Prag. Sich in der Schlange anzustellen lohnt sich. Kleiner Tipp: erst einen freien Platz sichern.

Politických vězňů 5 | Tram: Jindřišská | www.kantyna.ambi.cz | tgl. 11.30–23 Uhr | €

(7) *Luxus wie anno 1912, Königreich der Kulinarik*
RESTAURANT ART NOUVEAU (FRAN-ZOUSKÁ RESTAU-RACE) E4

Mehr Art déco bietet nicht mal Paris. Feine französische Küche, und dabei konservativ ohne Experimente. Abends sollte man das Degustationsmenü wählen. Man kann aber auch nur beim Nachmittagstee (14–17 Uhr) das Ambiente genießen. Die Filme »Ich habe den englischen König bedient« (nach Bohumil Hrabal) sowie »La vie en rose«, ein Biopic über Edith Piaf, wurden hier gedreht.

Obecní dům (Repräsentationshaus) | Náměstí Republiky 5 | Metro/Tram: Náměstí Republiky | Tel. 2 22 00 27 70 | www.francouzskarestaurace.cz (unbedingt reservieren) | tgl. 12–23 Uhr | €€€€

⑧ Die Antwort auf die Wiener Sachertorte
CAFÉ IMPERIAL F3

Wer für Art déco schwärmt, hat hier sein schönstes Café in Prag gefunden. Sezessionistisches Kacheldekor glänzt an den Wänden und sogar an der Decke. Man sieht Löwen, Sphinxen und Grazien wie im alten Ägypten. Die Gourmetköche sind aus TV-Sendungen bekannt, und die eigene Konditorei zaubert Torten, auch zum Mitnehmen.

Na poříčí 15 | Metro/Tram: Náměstí Republiky | Tel. 2 46 01 14 40 | www.cafeimperial.cz | tgl. 7–23 Uhr | €€€

⑨ Unter dem grünen »Absinthtrinker«
CAFÉ SLAVIA (KAVÁRNA SLAVIA) D5

Das literarische Café der Nation. Der Dichter deliriert, die nackte Fee sitzt auf dem Tisch. Das berühmte Gemälde von Viktor Oliva (1901) als Markenzeichen hängt ganz vorn bei den Panoramafenstern. Von dort aus blickt man auf den Hradschin mit der Karlsbrücke. In dieser Ecke saß Václav Havel öfter, auch schon als Präsident. Das Dekor spiegelt die 1930er-Jahre wider, stromlinienförmig wie in Miamis Art-déco-Viertel. Die Speisekarte ist böhmisch-österreichisch. Bestellen Sie unbedingt die Palatschinken.

Smetanovo nábřeží 2 | Metro: Národní třída, Tram: Národní divadlo | www.cafeslavia.cz | Mo bis Fr 8–24, Sa, So ab 9 Uhr | €

⑩ Goldrote Tapeten und ein literarisches Déjà-vu
CAFÉ LOUVRE D5

Kafka, Brod, Pick, Werfel, Kisch, Brentano zählten zu den Stammgästen. An 1902 erinnern auch die Gerichte: Spinat mit Spiegelei, Blumenkohlsuppe, Gänseleber. Aber das Beste sind die Desserts.

Als wäre man in Kairo: Das Café Imperial berauscht mit seinem Art-déco-Ambiente und feiner Gourmetküche.

Richtig tschechisch, wurde das Café von Peter Alexander schwärmerisch besungen.
Národní 20 | Metro/Tram: Národní | Tel. 2 24 93 09 49 | www.cafelouvre.cz | Mo–Fr 8–23.30, Sa, So ab 9 Uhr | €

⑪ *Eine Halbe im Stehen und dann gehen*
U FLEKŮ (BEI DEN FLEKS) D5
Kein echter Prager geht vorbei, ohne auf einen Sprung einzukehren. Es ist das älteste Brauhaus und wird verehrt wie der Hradschin der Biertradition. Seit 1499 ohne Unterbrechung, in der Rezeptur unverändert, wird das dunkle »13er« (Flekovské pivo) hier gebraut. Es schmeckt leicht süßlich mit Karamalz-Geschmack. Säle und Stuben sind im ritterlichen Stil: Balkendecken, Statuen, Wappen wie in einer Burg. Hundertjährige Platanen beschatten den Biergarten, zu dem ein 22 m tiefer Brunnen gehört. Die Stimmung kocht wie auf einem Volksfest (1200 Plätze). Die Deutschen grölen mit den Holländern um die Wette. Die Italiener singen im Chor unisono und die Schweden vierstimmig. Die Japaner bringen ihre Karaoke-Koffer mit. Die Engländer übertönen alle – vorausgesetzt, es

sind keine Iren da. Auf jeden Fall ist es ein Erlebnis, egal, wie man am nächsten Morgen darüber denken wird.

Křemencova 11 | Metro/Tram: Národní | Tel. 2 24 93 40 19 | www.ufleku.cz | tgl. 10–23 Uhr | €

Einkaufen

⑫ *Feines an jeder Straßenecke*
MYSLÍKOVA D5

Es duftet nach Paris. Aus einer grauen Straße hat sich die feinste Meile für Schlemmen, Kosten, Probieren entwickelt. Die Namen der Lokale sind witzig: »Prosekárna« (Proseccobar), »Milá Tchyně« (Liebe Schwiegermutter). Das »Charlie Vinko« ist eine Vinothek, im »Café Mondi« wird man nett bedient, im »Café 25 Bistro« gibt es Frisches, Gesundes und Frühstück den ganzen Tag, im »La Petite France« Französisches, im »Lemon Leaf« Vegetarisches in grünem Ambiente. Aber auch Böhmisches wird geboten, und zwar im »Česká Restaurace Myslíkova«: hell, modern mit Hausmannskost.

Tram: Myslíkova | Česká Restaurace Myslíkova | www.restaurace myslikova.cz | tgl. 11–23 Uhr | €

⑬ *Alles, was das Konsumherz begehrt*
PALLADIUM E3

Ein roter Palast wie in Venedig. Früher eine Kaserne, erinnert eine Gedenktafel daran, welcher berühmte Soldat hier diente: Josef Kajetán Tyl (1808–1856), der Textdichter der tschechischen Nationalhymne. Im verglasten Atrium findet sich in den 200 Shops alles, was man sich vorstellen kann. Es gibt Edelgastronomie mit Themenrestaurants, Cafés und Cocktailbars.

Náměstí Republiky 1 | Metro/ Tram: Náměstí Republiky | www. palladiumpraha.cz | So–Mi 9–21, Do–Sa bis 22 Uhr, Gastronomie tgl. 8–23 Uhr

MERIAN EMPFEHLUNG 10

⑭ *Mode aus 1001 Nacht*
ATELIER BLANKA MATRAGI E4

Das Atelier Blanka Matragi kleidet die Reichen des Orients ein. Modenschauen finden im kleinen Kreis statt und werden von der Designerin persönlich kommentiert.

U Prašné brány 2 | Metro: Náměstí Republiky | www.blankamatragi. eu | Mo–Fr 10–19, Sa 11–18, So ab 12 Uhr

Abendgestaltung

⑮ *Kulturgenuss*
NATIONALTHEATER (NÁRODNÍ DIVADLO) D5

Das Geld für den Bau kam durch Spenden zusammen. Ein historisch weltweit einmaliger Vorgang, dass sich die Bürger selbst ein Theater schenken. Die patriotische Spendenaktion musste gleich zweimal durchgeführt werden, denn 1881, nach feierlicher Premiere, brannte das »Goldene Kapellchen« zwei Monate später aus. Zur zweiten Premiere 1883 erklang Smetanas »Libuše«, die Nationaloper der Tschechen als Antwort auf Wagners »Der Ring des Nibelungen«.

Národní 2 | Tram: Národní divadlo | www.narodni-divadlo.cz | individuelle Besichtigung: www.prague welcome.com, jeweils Sa, So 8.30 bis 11; Vorstellungsbeginn 19 Uhr

⑯ *Avantgardistisch*
LATERNA MAGIKA (NATIONALTHEATER, NEUE SZENE) D5

Film, Ballett, Pantomime, Laser-Effekte. Eine Multimedia-Show, die auf der Expo '58 in Brüssel als Weltsensation gefeiert wurde. Seitdem handelt es sich dabei um eine Prager Kuriosität, an der sich inzwischen die Geister scheiden. Von »zum Staunen« bis »grottenschlecht« schlagen die Bewertungen aus.

Nová Scéna | Národní 4 | Tram: Národní divadlo | www.laterna.cz | Beginn 20 Uhr

Lifestyle

⑰ *Wellness für den gepflegten Mann*
GENTLEMEN BROTHERS BARBER SHOP D5

Al Capone wird gleich kommen – so sieht es hier aus: schwarze Ledersessel, geätzte Spiegel, Mahagoni-Regale. Es erinnert an das Chicago der 1930er-Jahre. Bärte sind zurzeit angesagt. Sich eine Nassrasur zu gönnen, gehört für den gepflegten Mann zum Pragbesuch. Frische Aloe-Vera-Blätter aus Kolumbien dienen als Aftershave, und Rum oder Whiskey gibt es hinterher zum Abschied.

Myslíkova 32 | Tram: Myslíkova | Reservierung empfohlen: Tel. 7 74 40 01 01 | www.gentlemen brothers.cz | Mo–Fr 9–20, Sa bis 17 Uhr

Inspiriert vom Schwanensee-Ballett: Brautkleider für königliche Hochzeiten, Haute Couture nach Maß.

BRAUTKLEIDER WIE IM MÄRCHEN AUS 1001 NACHT

Die Millionenspitze

Es sollte nur Spaß sein. Doch als Pavlína Švadlenková, die bekannte tschechische Triathlonsportlerin, eine schneeweiße Spitzentraumrobe bei **Blanka Matragi** anprobierte, wurde es ernst. Von ihrem Anblick überwältigt, kniete ihr Freund nieder, um ihr sofort einen Heiratsantrag zu machen. Die Presse berichtete: »Auf dieses unglaubliche Hochzeitskleid wären Dior, Givenchy, Valentino sicher neidisch.« Madame Matragi kommentierte: »Die Inspiration für meine Modelle hole ich mir aus der Natur. Meine Kindheit erlebte ich auf dem Land wie in einem Paradiesgarten.«

Indem Blanka Matragi diesen Zauber der Natur mit Stoffen, Linien und Mustern auf die Mode übertrug, eroberte sie die Urheimat aller sagenhaften Märchen: den Orient rund um den Persischen Golf. Bei Matragi kleiden sich seit Jahrzehnten

Prinzessinnen, Scheichas und Milliardärsgattinnen für besondere Anlässe ein. Ihr Aufstieg zu einer Starmodemacherin war aber alles andere als ein Märchen. Von der kunstgewerblichen Fachschule für Glas zum Textildesign gewechselt, erwarb sie schließlich ein Diplom als »akademische Kunstmalerin«. 1978 gewann sie den Wettbewerb für die Ausstattung der tschechoslowakischen Sportler bei den **Olympischen Spielen** in Moskau. Ein Jahr später begegnete sie in Prag einem Studenten der Ökonomie aus dem Libanon. »Ich dachte, er hat sich in mich nur verguckt, er musste auch bald wieder zurück in seine Heimat, aber er schwor wiederzukommen«, erzählt sie. »Und er hielt auch sein Wort.«

Heirat, Umzug nach Beirut. Die Zukunft färbte sich rosig. Doch 1982 brach im Libanon der Krieg aus. Täglich fielen Bomben. Das Paar musste flüchten und kam in Saudi-Arabien ins Gefängnis. »Die Anfänge waren unvorstellbar hart. Aber weil ich es gelernt habe zu nähen, konnte ich als Schneiderin anfangen«, erinnert sich Matragi in ihrer Biografie. Von Hand gefertigte **Brautkleider**, bei denen sogar die Spitze selbst gehäkelt war, wurden zu ihrer Spezialität. Das Märchen begann zu funktionieren. Mit ihrem Mann ist sie seit 40 Jahren verheiratet und lebt inzwischen abwechselnd in Beirut und in Prag, wo ihr Laden einen schöneren Standort nicht hätte haben können: Er befindet sich im Gemeindehaus, dem Art-déco-Palast der überbordenden Secession.

Steht man vor ihrer Boutique, wähnt man sich in die Belle Époque versetzt. Die traumhaften Kleider im Schaufenster üben eine magische Anziehungskraft aus. Als hohe Kunst geschätzt, hat ihr das Gemeindehaus die langfristige Ausstellung »**Timeless**« gewidmet. Ihr Ideenreichtum orientiert sich an keiner Modeströmung. Jedes Teil ist mit seiner fließenden Leichtigkeit einmalig. So manches aus ihrem Atelier kostet schon eine Million, zum Trost in tschechischen Kronen, was umgerechnet »nur« etwa 40 000 Euro bedeutet. In Matragis Prager Boutique findet man aber auch Schnäppchen. Oder man meldet sich einfach zu einer privaten Modenschau an (www.blanka matragi.eu) und »fliegt« ins Reich der schönsten Kleiderträume.

ŽIŽKOV/VINOHRADY (ZISCHKA-/WEINBERG)

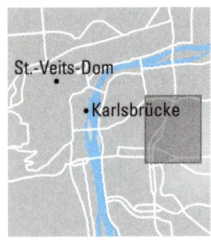

Die Formen der Natur dienten der Gestaltung dieser Stadtviertel als Vorbild: Blumen aus Stein, Dachfirste wie Dornenhecken, Farnkraut für die Fassaden. Žižkov, einst das schwarze Prag, ist heute ein Szeneviertel, Vinohrady mit Jugendstil ein wiedererwachtes Nobelquartier.

Die Pracht des Jugendstils im Stadtteil **Vinohrady** zuerst: Es sprengt jegliche Vorstellungskraft, wie es gelang, innerhalb von nur 20 Jahren, zwischen 1892 und 1912, einen mehrere Kilometer langen und breiten Hügel, auf dem es vorher Weinberge, Wald und Wiesen gab, mit zwei komplett neuen Stadtteilen zu bebauen. Prag expandierte im Zeichen der Industriellen Revolution. Die Klasse der »oberen Zehntausend« bezog den südlichen Hügelkamm. Repräsentativ mit Boulevards, großen Plätzen und Parks gestaltet, entstand hier die Bastion der Prager Bourgeoisie samt prestigeträchtiger Kultureinrichtungen wie ein Gemeindehaus und ein 1905 eröffnetes Theater, für das man die Pariser Oper kopierte.

Auf dem Nordhang entstand für »die unteren Fünfzigtausend« der Stadtteil **Žižkov**. Er hat steile Straßen ohne architektonisches Konzept und ist nach dem Hussitenführer benannt. An diesen Religionsbürgerkrieg (1419–1434) erinnern etliche Straßen: Husitská, Prokopova, Táboritská, U Božích bojovníků (zu den Gotteskriegern, wie sich das Hussitenheer nannte). Der Gründerzeitstil markiert die Häuserfronten. In den Gebäuden machten sich einst schräge Kneipen, verruchte Tanzlokale, schmierige Absteigen und billige Bordelle breit. Aus diesem Milieu rekrutierte sich der brave **Soldat Schwejk**, die Nationalfigur aus dem gleichnamigen Schelmenroman.

Paris, Wien, Mailand? Für den Bezirk Vinohrady gab es etliche Vorbilder, wie man an dem Schauspieltheater erkennen kann.

Auch der Autor **Jaroslav Hašek** (1883–1923) streifte durch das hiesige Kneipenmilieu. Zu seinen Ehren wurde 2005 am Prokop-Platz ein Denkmal enthüllt, das auch Prags Montmartre symbolisiert. Die Sumpfdotterblumen der Subkultur sind wieder in Podiumslokalen wie im »U vystřeleného oka« (Zum ausgeschossenen Auge) aufgeblüht. Der Rebellenführer Jan Žižka ist mit dem Titel gemeint, welcher wegen der schwarzen Augenklappe »der Einäugige« genannt wird.

Ohne einheimische Begleitung erschließt sich der Charme dieses Viertels nur bedingt. Doch das Abenteuer lohnt sich, auch selbstständig bei einem Streifzug auf ein völlig anderes Prag zu stoßen. Vom Hügel **Vítkov** (Veitsberg) erscheint der Hradschin weit in illusionäre Ferne entrückt. Vom Dach des Nationaldenkmals öffnet sich ein magischer Blick, der die ohnehin schon überreichen Panoramen in Prag noch mal übertrifft. Während der Hradschin von Touristen überrannt wird, bleibt der Vítkov ein »Volkshügel«. Hier steigen historische Kostümfeste; Gaukler und Bands treten auf, die Leute sind als Ritter, Könige und Prinzessinnen verkleidet. Mittelalterliche Lieder werden poppig gerockt. Und alle brüllen mit: »Hrrr naňe!« Der alte Schlachtruf der Hussiten: »Mach sie nieder!«

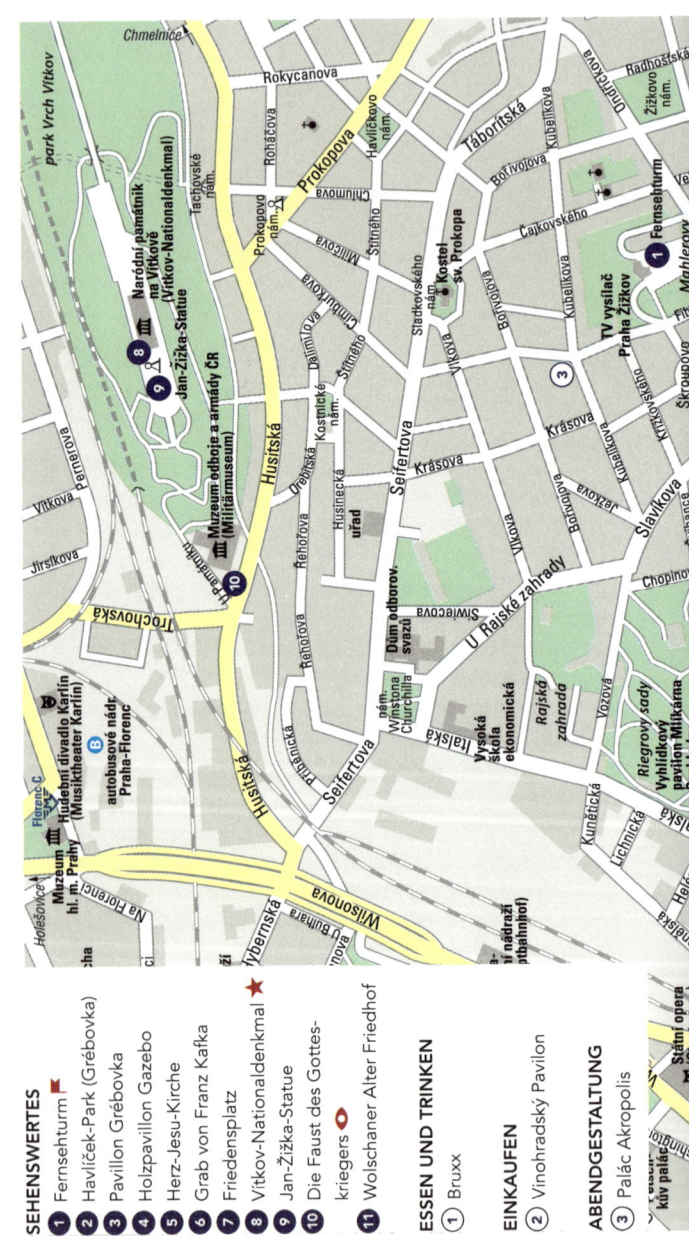

SEHENSWERTES

1 Fernsehturm
2 Havlíček-Park (Grébovka)
3 Pavillon Grébovka
4 Holzpavillon Gazebo
5 Herz-Jesu-Kirche
6 Grab von Franz Kafka
7 Friedensplatz
8 Vitkov-Nationaldenkmal ★
9 Jan-Žižka-Statue
10 Die Faust des Gottes-
     kriegers
11 Wolschaner Alter Friedhof

ESSEN UND TRINKEN

1 Bruxx

EINKAUFEN

2 Vinohradský Pavilon

ABENDGESTALTUNG

3 Palác Akropolis

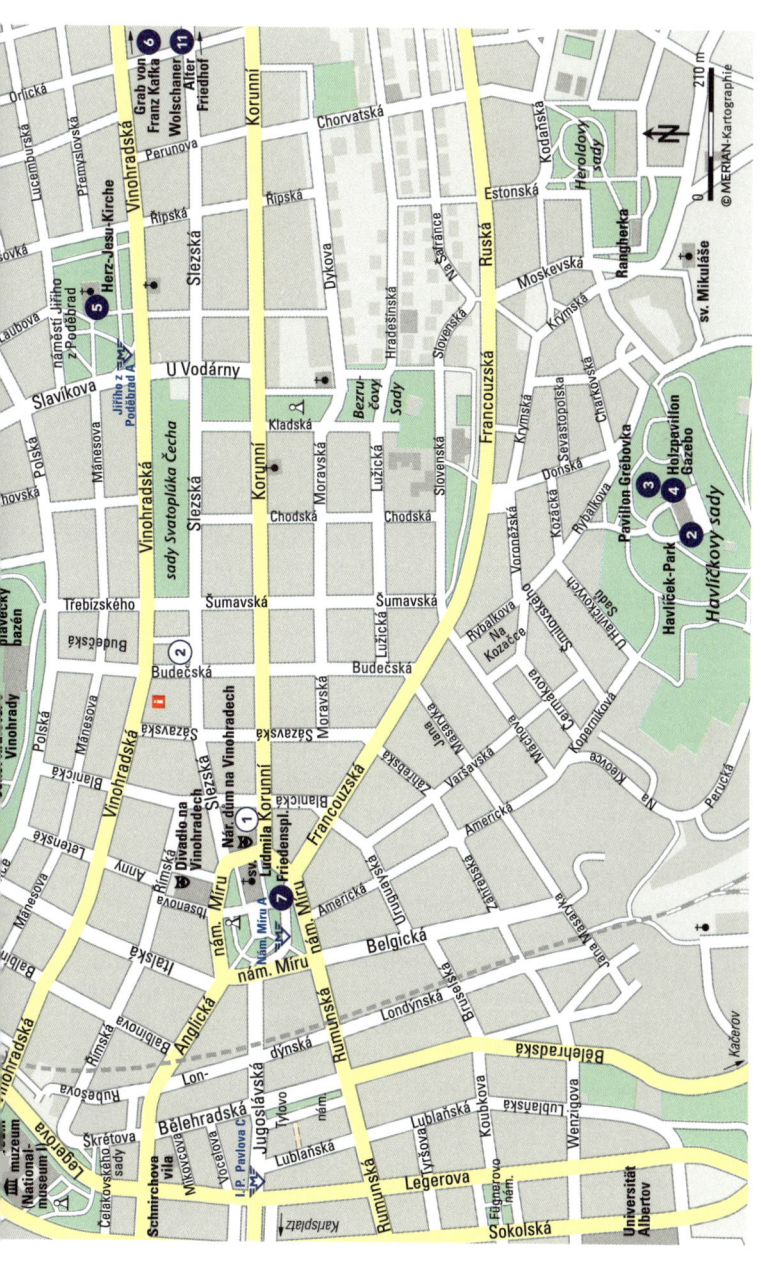

Kontrast zur Prager Innenstadt: An der Betonkonstruktion des Fernsehturms schieden sich lange die Prager Geister.

Sehenswertes

11 MERIAN EMPFEHLUNG

1 **FERNSEHTURM (TELEVIZNÍ VYSÍLAČ)** ÖSTL. F5

Mit 216 m der höchste Turm der Republik und seit 1992 in Sendebetrieb. Die Konstruktion sticht aus dem Gründerzeitviertel wie eine Rakete hervor. Durch die dickste der drei Röhren rast der Aufzug. Zehn schwarze Riesenbabys »Miminka« krabbeln blind und mundlos die stählerne Außenhaut hinauf. Solche Kreaturen setzte der Künstler David Černý auch vor dem Museum Kampa aus. In den angehängten Kabinen, die quadratischen Schwalbennestern ähneln, befinden sich Café, Bar und das Restaurant »Oblaka« (Wolken). In einem Kubus steckt das »One Room Hotel«. Der Ausblick vom Observatorium in 97 m Höhe gerät selbst im Nebel zum großartigen Erlebnis: Man fühlt sich, als würde man verloren auf der Milchstraße stehen.

Vinohrady | Mahlerovy sady 1 | Metro: Jiřího z Poděbrad | www.tower park.cz | tgl. 9–24 Uhr | Eintritt 250 Kč, Senioren 200 Kč, Kinder 160 Kč

❷ HAVLÍČEK-PARK (GRÉBOVKA, HAVLÍČKOVY SADY) ÖSTL. F7

Ein Park, der mit Springbrunnen, Wasserkaskade, Seen und Pavillons überrascht. Die Säulenarkaden und eine künstliche Höhle wurden von der italienischen Renaissance inspiriert. Der deutschstämmige Industrielle Moritz Gröbe träumte von einem Stück Toskana in Prag. Was ihm schließlich mit seiner florentinischen Villa Gröbovka (Grébovka) auch glückte. 1888 im Neorenaissancestil erbaut, hätte sich der tatkräftige Patriarch sicher nicht träumen lassen, wer das Gebäude noch nutzen würde: 1939 die Prager Hitlerjugend, ab 1948 die sozialistischen Pioniere, seit 2008 das CEELI Institute aus Washington. Es schult hier Anwälte und Juristen in internationalem Recht.

Vinohrady | Havlíčkovy sady | Tram: Jana Masaryka/Otakarova | April bis Okt. 6–24, Nov.–März 6–22 Uhr

❸ PAVILLON GRÉBOVKA ÖSTL. F6

Als wäre man unvermittelt in einem Kurort gelandet: ein Ausflugsrestaurant aus der Zeit des Industriellen Gröbe, geschnitzte Holzfassaden, zwei verglaste Flügelpavillons mit Sälen, Terrasse, Café und Restaurant. Nostalgie pur, von Pragern geliebt und gern frequentiert. Gute Einkehrmöglichkeit im Park.

Vinohrady | Havlíčkovy sady | Tram: Jana Masaryka/Otakarova | www. pavilongrebovka.cz | tgl. 10–22 Uhr

❹ HOLZPAVILLON GAZEBO ÖSTL. F7

Der historische Weinberg Grébovka ist ein Überbleibsel davon, was unter Karl IV. im 14. Jh. angelegt wurde. An den Hängen gedeihen Reben von bester Qualität. Die Weine (sieben Sorten, vorwiegend rot) lassen sich in einem verschnörkelten Holzpavillon verköstigen. Dieser ist gedrechselt, verschnörkelt und im Stil eines Jagdschlösschens geschnitzt, als hätte es Bayerns Märchenkönig Ludwig II. gebaut. Der Blick führt in ein Viertel, das eher nach Birmingham als nach Prag aussieht. Schon wieder eine Überraschung.

Vinohrady | Havlíčkovy sady | Tram: Jana Masaryka/Otakarova | www. vinicni-altan.cz | April–Okt. tgl. 11–22, Nov.–März bis 21 Uhr

Kafkomania ohne Ende

»Als Gregor Samsa eines Morgens aus unruhigen Träumen erwachte, fand er sich in seinem Bett zu einem ungeheuren Ungeziefer verwandelt.« So beginnt die Novelle »Die Verwandlung«, das meistgelesene Buch von Franz Kafka (1883–1924). Der Prager Schriftsteller wird oft zum wichtigsten Autor des vergangenen Jahrhunderts gewählt. Als Surrealist schuf er literarisch eine eigene Disziplin: Sein Stil war **»kafkaesk«**, was Skurriles, Mystisches und Dämonisches impliziert.

Als Sprachvirtuose der klaustrophobischen Beklemmung schrieb er über Prag, ohne irgendeinen Ort genau zu benennen. Am meisten wird spekuliert, ob es die Hungermauer am Hügel Petřín war, im Auftrag Karl IV. von 1360 bis 1362 gebaut, die Kafka zu der Erzählung »Beim Bau der Chinesischen Mauer« 1918/1919 inspirierte. War Hradschin als Peking verklausuliert? Einige Kafka-Forscher sehen den Hradschin verschlüsselt in dem Roman »Das Schloss«. Daran knüpfte auch der Dichterpräsident Václav Havel an und bezeichnete den Hradschin während der totalitären Zeiten als ein »verwunschenes Schloss«.

Franz Kafka war jüdischer Abstammung, das Wort »Jude« ersetzte er aber durch »Chinese«. Für die Prager Schriftstellerin Vivien Stein ist Kafka »nur im Kontext seiner Welt und Zeit zu begreifen«.

Die Welt Kafkas lässt sich in der Straße **Hybernská** authentisch nachempfinden. Zu seinem Stammcafé »Arco« ging er regelmäßig über diese Straße, vorbei am Reedereibüro Hapag-Lloyd. In den Schaufenstern hingen Bilder des neuen Oceanliners auf der transatlantischen Route nach New York. Die erwachte Sehnsucht nach dieser Reise inspirierte Kafka zu seinem Roman »Der Verschollene« (später unter dem Titel »Amerika« veröffentlicht). Verschollen ist auch sein Stammcafé. Seit 2001 ist dort das Informationszentrum für die radioaktive Müllendlagerung aus tschechischen Atomkraftwerken. Ganz »kafkaesk«.

❺ HERZ-JESU-KIRCHE (KOSTEL NEJSVĚTĚJŠÍHO SRDCE PÁNĚ) ÖSTL. F5

Ein modernes Gotteshaus, das zu den bedeutenden Kirchen-
bauten des 20. Jh. zählt. Der Architekt Josip Plečník (1872 bis
1957) kombinierte braune Kachelziegel mit weißem Fassaden-
putz. Der äußere Umriss aus zwei quadratischen Bauten erinnert an einen riesigen Lastwagen. Innen gleicht der abstrakt
modellierte goldene Christus über dem minimalistischen Altar einer Autokühlerfigur. Das Kirchenfenster (7,6 m Durchmesser) ist gleichzeitig eine riesige Uhr und innen über eine
Rampe begehbar. Von allen Seiten lichtdurchflutet, bekommt
der Glaube ein Sinnbild unendlicher Transparenz.

Vinohrady | Náměstí Jiřího z Poděbrad 19 | Metro: Jiřího z Poděbrad |
www.srdcepane.cz | tgl. 8–18 Uhr

❻ GRAB VON FRANZ KAFKA (NEUER JÜDI-SCHER FRIEDHOF OLŠANY) ÖSTL. F6

Sein Grabstein (Nr. 21-14-21) trägt die Form eines hohen
sechseckigen Diamanten. Die Besonderheit des Friedhofs: Der
jüdische Totenkult kennt keine Trauerengel. Die 25 000 Grabmäler sind wie Bücher im Regal angeordnet. An der Gestaltung
waren berühmte Architekten beteiligt. Von dichter Botanik
umschlossen, wandert man hier wie durch einen mystischen
Urwald. Den hohen Stellenwert des Prager Judentums bezeu-
gen die Grabinschriften, darunter Max Brod (Kafkas Freund
und Entdecker), die Familie Petschek (Bankiers, deren Bank-
haus die Gestapo während der Nazi-Besatzung okkupierte).

Vinohrady | Izraelská 1 | Metro/Tram: Želivského | www.kehilaprag.cz |
April–Okt. So–Fr 9–17, Nov.–März So–Fr bis 16 Uhr, Sabbat (Sa) geschl.

❼ FRIEDENSPLATZ (NÁMĚSTÍ MÍRŮ) F6

Zentral gelegener Platz der Königlichen Weinberge. Sein In-
nenbereich ist als Park gestaltet. Die Dominante bildet die Kirche der hl. Ludmilla, im neogotischen Stil erbaut (1888–1893),
und das Jugendstiltheater »Divadlo na Vinohradech« (1904 bis
1907). Im noblen Kulturhaus wurde 1968 beim Autorenkon-
gress der »Prager Frühling« eingeläutet. Der Schriftsteller und

Dramatiker Václav Havel hielt eine flammende Rede gegen die Pressezensur. So kamen die öffentlichen Proteste ins Rollen.

St. Ludmilla: Obwohl die Tschechen eine Nation der Atheisten bilden, werden die Schutzpatrone hoch verehrt. Nicht in der Religion, vielmehr im Aberglauben wurzelt dieser Kult. Das erklärt auch, warum man sich den symbolischen Segen für den Protestmarsch gegen die kommunistische Führung im November 1989 in dieser Kirche holte. Hier werden die sterblichen Überreste des hl. Wenzel und seiner Mutter, der hl. Ludmilla, aufbewahrt. Als Sprecher an der Spitze stand Václav Havel. Als die »Samtene Revolution« (Sametová revoluce) eingeläutet wurde, waren die Tage des Sozialismus schon gezählt.

Vinohrady | Metro/Tram: Náměstí míru | www.ludmilavinohrady.cz

 MERIAN TOP 10

❽ VÍTKOV-NATIONALDENKMAL (NÁRODNÍ PAMÁTNÍK NA VÍTKOVĚ) ÖSTL. F4

Noch gewaltiger als der Panoramablick ist der historische Rückblick. Das Denkmal wurde 1932 den tschechoslowakischen Legionären als Helden im Ersten Weltkrieg gewidmet und 1939 durch die Wehrmacht als Pragbesetzer für ein militärisches Lager zweckentfremdet. Nach dem Krieg folgte Leerstand. 1953 starb der erste Arbeiterpräsident Klement Gottwald. Die kommunistische Partei entschied, seinen Leichnam einbalsamiert in dem Vítkov-Koloss aufzubahren. Nach dem Vorbild des Lenin-Mausoleums an der Kremlmauer in Moskau bekam auch Prag sein Mausoleum für die Kommunistenführer.

Präsident Antonín Zápotocký, 1957 der nächste Ehrentote, bekam Gesellschaft: 145 Urnen mit der Asche der sozialistischen Leitfiguren. Funktionäre, Gewerkschaftler, eine Volksschullehrerin. Absurder hätte die Farce nicht enden können: Als Gottwalds Mumie rätselhaft zerfiel, musste sie 1962 verbrannt werden. Nach der Wende erhielten die Angehörigen aller im Mausoleum ruhenden Kommunisten eine Aufforderung, sich die Urnen abzuholen. Für Gottwalds Asche meldete sich niemand mehr. In den 1990er-Jahren wusste man nicht

Attacke! Der Hussitenführer Jan Žižka kommt hier als die größte Reiterstatue der Welt auf dem Vítkov-Hügel angeritten.

recht, was man mit dem Koloss anfangen sollte. Zeitweilig rumorten illegale Discos in der gigantischen Gruft. Seit 2009 auf seine eigene Geschichte ausgerichtet, präsentiert sich hier das »Laboratorium der Macht« mit einer Atmosphäre aus Hauptquartier des Führers und Stalins Gruselkabinett. Vom Dach des Café Vítkov erscheint die größte Reiterstatue der Welt unten klein wie eine Schachfigur.

Žižkov | U Památníku 1900 | Tram: Ohrada | www.nm.cz | April–Okt. Mi–So 10–18, Nov.–März Do–So bis 16 Uhr | Eintritt 120 Kč, erm. 80 Kč | das Terrassencafé eintrittsfrei

❾ JAN-ŽIŽKA-STATUE ÖSTL. F4

Vor dem Denkmal erhebt sich übermächtig der Feldherr der Hussitenrebellen: Jan Žižka z Trocnova (1360–1424). Der Bildhauer hieß Bohumil Kafka (1878–1942). Mit Franz Kafka nicht verwandt, wurde er trotzdem von einem »kafkaesken« Schicksal heimgesucht. Die Žižka-Statue hatte er schon 1931 skizziert. Nach 20 Jahren Wartezeit auf die Umsetzung erlebte er die Enthüllung 1950 nicht mehr. Ross und Reiter, 9 m hoch, 9,6 m lang, 5 m breit und 16,5 t schwer, stehen auch im Guinness-Buch der Weltrekorde.

Národní památník na Vítkově | U Památníku 1900

Die Markthalle wurde zum Designerparadies für Möbel und Wohnaccessoires.

⬤ IM VORBEIGEHEN ENTDECKT

❿ DIE FAUST DES GOTTESKRIEGERS F4

Vom Veitsberg (Vítkov) zu Fuß ins Tal. Ein Graffiti bedeckt das letzte Haus neben dem Viadukt an der blinden Feuerwand. Man meint, man hätte sich in Detroit verirrt. Ein Drache stürzt in die Häuserschlucht, der Gotteskrieger Žižka (sprich: Zischka) schlägt mit dem Morgenstern zu. Die wilde Freiheit beginnt hier mit dem Club »Kain«. Das macht neugierig auf mehr. Wer sich zum harten Kern der Rockfans zählt, wird begeistert sein. Um nur einige Bands zu nennen: »Wizzard«, »Infernal Cult«, »Terrestrial Chaos«.

Žižkov | Husitská 1 | Tram: U Památníku | www.kain.cz | Mi–Sa 18–3, Konzert ab 21 Uhr

⓫ WOLSCHANER ALTER FRIEDHOF (OLŠANSKÉ STARÉ HŘBITOVY) ÖSTL. F5

Mit das älteste Totenreich in Prag, am Rande des Stadtteils Žižkov gelegen. Die Stimmung zwischen den Grabkapellen, -häusern und -kammern ist verwunschen, geheimnisvoll, morbid. Die Zeit erwies sich als ein wunderbarer Gärtner. Was hier alles wächst, ergibt ein ökologisches Studienfeld. An den Wegen stehen Infotafeln über die Gewächse.

Vinohradská 153 | Metro/Tram: Flóra | Nov.–Feb. 8–17, März–April, Okt. 8–18, Mai–Sept. 8–19 Uhr | Eintritt frei

Essen und Trinken

① *Kartoffel-Glück: die besten Pommes*
BRUXX F6
Prag als ein Stück Brüssel. Deckenhohe Spiegel, Wandvertäfelungen mit Intarsien, eine rustikale Lederbestuhlung, genauso wie damals um 1906. Auf zwei Etagen biegen sich die Tische unter Austern, Muscheln sowie Weinbergschnecken. Gezapft wird u. a. auch belgisches Bier. Eine Mikrobrauerei stellt vor Ort tschechisches Lagerbier her.
Vinohrady | Náměstí Míru 9 | Metro: Náměstí Míru | Tel. 2 24 25 04 04 | www.bruxx.cz | Mo–Do 11–24, Sa 11.30–1, So 11.30 bis 23.30 Uhr | €€

Einkaufen

② *Ehemals Markthalle*
VINOHRADSKÝ PAVILON (VINOHRADSKÁ TRŽNICE) F5
Ein »Gebäude mit Charakter«, das Woody Allen in Prag am besten gefiel. Mit einer rot-gelben Klinkerfassade im Jahr 1902 als Markthalle erbaut, lässt das schwebend leichte Eisendach an den Eifelturm denken. Die Pläne lieferte auch das gleiche Pariser Ingenieurbüro. Während des Sozialismus verrottete das Gebäude zur Ruine, nach der Wende wurde es aber schnell zum ersten modernen Einkaufszentrum in Prag renoviert. Wirtschaftlich war das aber noch zu früh. Das Objekt verwaiste erneut zur Geisterburg. Seit 2013 ist die bahnhofsähnliche Halle als Showroom für Design, Möbel, Wohnstoffe und Dekoartikel eingerichtet.
Vinohrady | Vinohradská 50 | Metro: Jiřího z Poděbrad | Tram: Vinohradská tržnice | www.pavilon. cz | Mo–Fr 10–19.30, Sa bis 18 Uhr

Abendgestaltung

③ *Alternativ*
PALÁC AKROPOLIS F5
Wie ticken die Prager? Dieses Zentrum der unabhängigen Kultur lässt es spüren. Theater, Kino, Konzert: Es gibt rund 950 Veranstaltungen im Jahr. Bar, Café und Restaurant sorgen für das leibliche Wohl in nostalgischem Ambiente.
Vinohrady | Kubelíkova 27 | Tel. 2 96 33 09 11 | Metro: Jiřího z Poděbrad, Tram: Lipanská | www. palacakropolis.cz | Di–So 11–3, Mo bis 24 Uhr

HOLEŠOVICE (HOLLE-SCHOWITZ)/KARLÍN (KAROLINENTHAL)

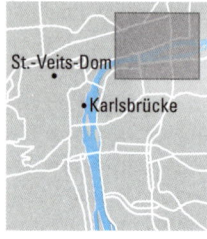

St.-Veits-Dom

Karlsbrücke

Vom Industriebezirk zum Szeneviertel, zwei Stadtteile mit dem gleichen Schicksal. Links und rechts der Moldau sind sie durch eine Brücke verbunden. In der Mitte liegt die Hetzinsel (Štvanice), die man unterwegs entdeckt. Andernfalls käme man kaum auf die Idee, dorthin zu gehen.

Der siebte Bezirk am linken Moldauufer, **Holešovice**, wandelt sich vom einstigen Hafen- und Fabrikviertel zum pulsierenden Quartier der Kreativen. Hipster-Galerien, Getto-Flair, postsozialistische Tristesse und explodierender Bauboom für Luxuswohnungen prallen hier aufeinander. Das Kernstück bilden die **Prager Markthallen** (Pražské tržnice). Im Jahr 1895 wurde nicht nur das prachtvolle **Rudolfinum** mit einem phänomenalen Konzertsaal, sondern auch ein für damalige Zeit sehr moderner Schlachthof fertiggestellt. Am Eingang bauen sich zwei mächtige Stierstatuen auf. Dahinter strahlen die rotcremefarbenen Fassaden in frischen Farben und mit hohen Fenstern wie in Kirchen. Hinter den Gittern drängte sich einst das Schlachtvieh. Das großflächige Gelände enthielt Schlachthäuser, Kühlhallen und eine Viehbörse. Die Prager Fleischindustrie hatte hier ihre »Chicago Yards«. Ähnlich wie dort im Jahr 1971 wurde auch in Prag der Schlachtbetrieb 1983 eingestellt. Das Gelände wurde unter Denkmalschutz gestellt. Nach der Wende kam der neue Aufschwung: Asiamarkt, Bauernmarkt, Supermarkt, Restaurants, Clubs, experimentelle Galerien und Theaterszenen, die Musikbühne »RockOpera« und sogar das Rotlichtviertel zogen hier ein. Die »Parallelstadt« brummt (www.prazska-trznice.cz).

Eindrucksvoll erhebt sich die Skulpturengruppe »Arbeit und Humanität« von Jan Štursa am linksseitigen Brückenkopf der Hlávka-Brücke in Holešovice.

Oft angenommen, aber falsch: Nicht nach Karl IV. wurde der 1817 entstandene Vorort **Karlín** benannt, sondern nach Karoline Auguste von Bayern, welcher Kaiser Ferdinand I. diesen Bezirk widmete. Eine Gedenktafel erinnert an **Willy Brandt**. Als 22-jähriger Jungspund kam er 1935 nach Prag, um die Ausweichstelle des deutschen Sozialistischen Jugendverbandes SVJD in dem rußschwarzen Fabrikstandort Karlín zu gründen, was von Hitler in Deutschland mitsamt der Sozialistischen Arbeiterpartei (SAP) verboten war. Proletariat und Karlín hängen zusammen. Die **Industrialisierung** Böhmens, die hier begann, führte so weit, dass Prag zum wichtigen technischen Produktionszentrum der Republik wurde. Hier wurden Loks, Waggons, Trams, Kessel- und Kühlanlagen hergestellt. Nach der Wende kam der große Kehraus. Fabriken, Werkshallen und Industriekomplexe wurden stillgelegt. Durch internales Joint Venture regenerierte sich die heruntergekommene Gegend schnell. Die Stararchitekten werteten sie spektakulär auf. Hochkomprimierte Neubauten wirbeln die lokale Ökonomie mit urbaner Dynamik durch. Das alte Karlin ist aber trotzdem nicht verschwunden.

SEHENSWERTES

1. DOX Zentrum für zeitgenössische Kunst 🚩
2. Nationalgalerie – Messepalast
3. Messegelände
4. Stromovka-Park
5. Schloss Troja 🚩
6. Hetzinsel 👁
7. River City Prague
8. Galerie Karlín Studios
9. Karlín-Tunnel 👁
10. Lyčkovo-Platz
11. Invalidovna

ESSEN UND TRINKEN

1. Pivovar Marina
2. Jan Paukert

ABENDGESTALTUNG

3. SaSaZu
4. Club Mecca
5. Jatka 78
6. Cloud 9 Sky Bar & Lounge
7. Forum Karlín

Sehenswertes

❶ DOX ZENTRUM FÜR ZEITGENÖSSISCHE KUNST (CENTRUM SOUČASNÉHO UMĚNÍ) NORDÖSTL. F1

Experimentelle, Designer, Kreative und Performer haben diese Werkhallen für sich entdeckt. Schornsteine, Glasdächer, Rampen und Wände, die sich in geometrischem Spiel ineinander verzinken, ergeben ein inspirierendes Umfeld. Die Räume werden multifunktional genutzt. Bühne, Galerie, Shop, Café, durch Atrien, Gänge und Treppen miteinander verbunden.

Poupětova 1 | Tram: Ortenovo náměstí | www.dox.cz | Sa, So, Mo 10–18, Mi, Fr 11–19, Do 11–21 Uhr | Eintritt 180 Kč, erm. 90 Kč

❷ NATIONALGALERIE – MESSEPALAST (VELETRŽNÍ PALÁC) F1/2

Die Konstruktion erregte 1928 weltweites Aufsehen und läutete die moderne Architektur in Prag ein. Auf lichtdurchlässigen Etagen installierte die Nationalgalerie ihre Franzosen des 19. und 20. Jh.: Monet, Renoir, Toulouse-Lautrec, dazu ein Picasso-Selbstporträt. Daneben sind die tschechische Malerei von 1900 bis 1960 und eine zeitgenössische Werkschau zu sehen.

Dukelských hrdinů 47 | Metro: Vltavská, Tram: Veletržní palác | www. ng.cz | Di–So 10–18, Mi bis 20 Uhr | Eintritt 220 Kč, Kinder 120 Kč

❸ MESSEGELÄNDE (VÝSTAVIŠTĚ) F1

Prag hatte sich für die Weltausstellung 1900 beworben. Das Rennen gewann Paris wegen des Eiffelturms. Was die Welt damals in Prag hätte sehen können, lässt sich nachholen. Das Expo-Areal war schon zur Landesausstellung 1891 fertig. Der Industriepalast im gusseisernen Jugendstil, 238 m lang, 38 m hoch, steht im Mittelpunkt. Das 36 ha große Gelände lässt sich als Rummel- und Freizeitpark erleben.

U Výstaviště 1 | Tram: Výstaviště | www.vystavistepraha.eu | tgl. 8–20, bei Veranstaltungen bis 23 Uhr

Messegelände (s. S. 183): Kulturpark, Konzerte, Kirmes. Der Industriepalast wurde 1891 in Rekordzeit innerhalb eines Jahres erbaut.

NATIONALMUSEUM LAPIDARIUM (LAPIDARIUM NARODNÍHO MUZEA) E/F1

Ein Fantasiepalast, der mit seiner monumentalen Kuppel an das Berliner Stadtschloss erinnert. Die Räume füllen Standbilder, Statuen und Skulpturen, allesamt Meisterwerke der Bildhauerei aus 800 Jahren. Auch einige Originale der Karlsbrücke sind hier vertreten.

Výstaviště 422 | www.nm.cz | Mai–Nov. Mi 10–16, Do–So 12–19 Uhr | Eintritt 50 Kč, erm. 30 Kč

MAROLD PANORAMA (MAROLDOVO PANORAMA) E1

Das größte Schlachtgemälde der Welt: 95 m lang, 11 m hoch. Der Maler Luděk Marold bannte 1898 mehrere Tausend Figuren und Hunderte von Pferden auf ein 360-Grad-Panorama. Den Himmel bedecken düstere Wolken. Am 30. Mai 1434 fand die Schlacht bei Lipan statt, bei der die Hussiten eine vernichtende Niederlage erlitten. Der Ort Lipany wurde zum Inbegriff einer nationalen Tragödie. Von einem erhöhten Podest aus kann man das Gemälde besichtigen. In den Farben inzwischen etwas angestaubt, ist es dennoch ein gigantischer Anblick.

Areal Vystavištĕ | www.vystavistepraha.eu | tgl. 9–18 Uhr | Eintritt 50 Kč, erm. 25 Kč

❹ STROMOVKA-PARK C1–E1

Der älteste Park Prags. Um 1268 wurde der 105 ha große Park durch den »eisernen König« Přemysl Otakar II. als königliches Jagdrevier angelegt. Kaiser Rudolf II. ließ 1584 die künstlichen Fischteiche durch einen 1 km langen Tunnel aus der Moldau speisen. Gegenwärtig wird die Natur hier ökologisch nachhaltig gepflegt. Im Ausflugsrestaurant »Vozovna« gibt es Picknickkörbe zum Mitnehmen, für Gourmets auch mit Hummer, Entenleber und Champagner.

U Vystaviště | Tram: Výstaviště | www.vozovna-stromovka.cz

MERIAN EMPFEHLUNG ◄13

❺ SCHLOSS TROJA (ZÁMEK TROJA) NÖRDL. C1

Ein Schloss Versailles für Prag: Diesen ehrgeizigen Wunschtraum erfüllte sich Graf Sternberg in etwas verkleinertem Maßstab 1685. Die Fassade strahlt in toskanischem Weinrot. Auf der Freitreppe wurde der antike Olymp dargestellt. Über dem Kampf der Giganten erhebt sich Nike, der Siegesengel. Die Söhne der Erdmutter Gäa spielen mit der Weltkugel. Herkules bezwingt beim Ringen die Drachen, in der Kerkergrotte darbt der Teufel an der Kette. Die göttlichen Mythen setzen sich im Inneren fort: prachtvolle Säle mit orgiastischen Deckenfresken und Salons in verschiedenen Stilen. Von seinem Bett aus hatte Graf Sternberg Fernblick zum Hradschin.

U Trojského zámku 1 | Anfahrt: per Schiff zum Zoo, Anlegestelle Rašín-Kai (Tanzendes Haus) oder Čech-Brücke, Fahrpreis hin und zurück: 290 Kč, Kinder, Senioren 180 Kč | www.praguesteamboats.com | Schloss: www. ghmp.cz | Di–Do, Sa, So 10–18, Fr ab 13 Uhr | Eintritt 120 Kč, erm. 60 Kč

IM VORBEIGEHEN ENTDECKT

❻ HETZINSEL (ŠTVANICE) F2

Die Tram 14 Richtung Holleschowitz hält mitten auf der Hlávka-Brücke. Gegenüber der Haltestelle, schäbig heruntergekommen, steht die Halle »Fuchs 2«. Die Ironie der Zeit: In diesem Eissportstadion haben die Tschechoslowaken bei dem

WM-Eishockeyfinale 1972 die Russen besiegt und wurden Weltmeister. Daran erinnert heute nichts mehr. Ein seitlicher Treppenabstieg führt zu einem Adelsschlösschen. Als »Villa« benannt, etablierte sich hier die alternative Theaterszene namens »Tygr v tísňi« (Tiger in Bedrängnis). In dem kleinen Café mit unverputzten Wänden trifft man die freundlichsten jungen Prager, auch mit Hund.

Štvanice (zwischen Holešovice und Karlín)

❼ RIVER CITY PRAGUE F3

Der geometrische Grundriss von 1817 hatte den Vorteil, dass so Tradition und Moderne gut miteinander verbunden werden können. Karlín entwickelt sich zum Sinnbild der Prager Architektur des 21. Jh. Der Anfang erfolgte mit dem Hotel Hilton, einem gigantischen Glaswürfel, innen mit New Yorker Atriumambiente. Den Kubismus zitiert das Bürohaus »Keystone«. Die diamantkantigen Fensterrahmen erzeugen solche Lichtreflexe, dass man meinen könnte, die Fassade sei in Bewegung. Die Inspiration für die 1924 erbaute Ikone des Expressionismus, das »Danube House«, kam vom Chilehaus in Hamburg. Die rote Ziegelfassade spitzt sich zu einem Schiffsbug zu. Das Bürogebäude »Main Point« lassen die orange-grau-weißen vertikalen Sonnenblenden wie einen Missoni-Pullover erscheinen. Der Spaziergang über Brücken, durch Passagen und Innenhöfe verläuft verführerisch an Restaurants und Cafés vorbei. Am liebsten würde man überall einkehren wollen.

Rohanské nábřeží | Tram: Karlínské náměstí, Metro: Křižíkova

❽ GALERIE KARLÍN STUDIOS ÖSTL. F3

Aus einer früheren Fabrik wurde ein Atelierkomplex. Er beinhaltet 17 Studios, die mindestens für ein Jahr ausgewählten Künstlern zur Verfügung stehen. Beim Rundgang lässt sich bei Kreativprozessen zuschauen und über die Werke diskutieren. Was man kauft, muss einem nicht unbedingt gefallen, kann aber eine gute Kapitalanlage sein.

Kasárna Karlin, Prvního pluku 2 | Metro: Florenc | www.futuraprague. com | Mo–Fr 15–18, Sa, So 14–19 Uhr | Eintritt frei

IM VORBEIGEHEN ENTDECKT

⑨ KARLÍN-TUNNEL (KARLÍNSKÝ TUNEL) ÖSTL. F4

Žižkas Reiterdenkmal auf dem Veithügel überragt ganz Karlín und ist von überallher bestens sichtbar. Ziemlich genau unter der Statue befindet sich ein Fußgängertunnel. Fünf große Buchstaben obenauf verkünden: »neboj« (keine Angst). Das Loch erhellt sich auch nach einigen Schritten durch die Deckenbeleuchtung. Der unterirdische Weg endet nach 303 m im Stadtteil Žižkov. Der Bau 1953 bezweckte ursprünglich einen Luftschutzbunker. Unter dem gekachelten Bogen hallt es etwas unheimlich, weshalb der Tunnel oft für Fluchtszenen, Verfolgungsjagden oder Morde als Drehort dient. Vielleicht geraten Sie zufällig auch hinein. Ton ab, Kamera läuft und Action!

Thámova (Sackgasse) | Metro: Křižíkova

⑩ LYČKOVO-PLATZ (LYČKOVO NÁMĚSTÍ) ÖSTL. F3

Der Jahrhundertsprung in der Architektur: von ultramodernem »Amazon Court« zurück in die Secession anno 1904. Was sich auf diesem Platz wie ein repräsentatives Rathaus erhebt, ist eine Grundschule, prachtvoll wie ein Schloss. Karlíns Jugendstil zeigt sich hier in seiner schönsten Form: turmartige Dächer, Statuen am Sims und Fresken an der Fassade.

Lyčkovo náměstí/Ecke Křižíkova | Tram: Urxova

> Ein großartiger Ort, um die Veränderung Prags spannend zu erleben. Gründerzeit und ultramoderne Architektur im Kontrast. Der Wohntrend zeigt: Hier möchten die jungen Prager am liebsten wohnen.

⑪ INVALIDOVNA ÖSTL. F3

Der 1737 errichtete, klosterartige Barockkomplex diente der Unterbringung von Kriegsversehrten der damaligen Zeit. Er ist mit Kreuzgängen, Statuen und bemalten Gewölben ausgestattet. Als Drehort für »Amadeus« (1984) sowie für die komplette ARD-Serie »Charité« (2017) wurde er authentisch in Szene gesetzt. Nach geplanter Rekonstruktion soll hier ein multifunktionales Kulturzentrum entstehen.

Sokolovská 136 | Tram: Urxova

Essen und Trinken

① *Bier pragerisch,*
Küche italienisch,
Spezialitäten tschechisch
PIVOVAR MARINA
(BRAUEREI
MARINA) ÖSTL. F1

Vier hauseigene Biersorten werden in großen Sudkesseln gebraut. Die bronzenen Deckel strahlen, nebenan reihen sich die Tische auf. Gute, bodenständige Küche.

Holešovice | Jankovcova 1059 | Metro: Nádraží Holešovice, Umsteigen auf den Bus 156: V Přístavu | Tel. 2 20 57 11 83 | www.pivovar marina.cz | tgl. 11–24 Uhr | €€

② *Neustart mit 100-jäh-*
riger Tradition
JAN PAUKERT H5

Der König der »dekorierten Brötchen« (*chlebíček* → S. 53) kehrt zurück. Allerdings ist sein Feinkostparadies nur als Marke wiederauferstanden. Von der Nationalallee, in der das Bistro Paukert 1916 entstand, umgesiedelt in den glänzenden Business District, wird in modernem Ambiente aufgetischt: Ethno-Küche mit regionalen Zutaten russisch, italienisch, französisch, mexikanisch, brasilianisch und

natürlich tschechisch interpretiert. Wenn es um Frühstück geht, ist man hier Kaiser.

Karlín | Rohanské nábřeží 15 | Tram: Karlínské náměstí | Tel. 6 03 30 30 30 | www.janpaukert.cz | Mo–Fr 7.30–21.30 Uhr | €€

Abendgestaltung

③ *Mit dem Michelin Bib*
Gourmand ausgezeichnet
SASAZU ÖSTL. F2

Das »little Hongkong« in der Halle 25 auf dem alten Schlachthof. Restaurant und Club verschmelzen in avanciertem Design. Im Angebot sind Köstlichkeiten der asiatischen Küche: Sambai, Otak Otak, Flame, Roti, Tai Tai Grill. Für eine schöne Stimmung sorgen optisch tolle Lichteffekte und akustisch internationale DJs. Auch eine Thai-Massage fehlt nicht.

Holešovice | Bubenské nábřeží 13 | Tram: Pražska tržnice | Tel. 2 84 09 74 55 | www.sasazu.com | Mo–Do 12–24, Fr, Sa bis 1, So bis 23 Uhr

④ *Industriedesign*
CLUB MECCA ÖSTL. F1

Eine ehemalige Maschinenfabrik, gemütlich wie eine Eishöhle. Eingetaucht in Licht, Laser, Nebel schwebt man über drei Etagen, an zwei Musikbühnen und fünf Bars vorbei, ins Nirwana. Sky-Lounge über der Tanzbrandung. Auch der Schauspieler Wesley Snipes war schon hier (während der Dreharbeiten zu »Blade« am Altstädter Ring).

Holešovice | U průhonu 3 | Tram: U průhonu | www.mecca.cz | Mo–Do 11–22, Fr, Sa bis 6 Uhr | Eintritt 200 Kč, bei Top-DJs bis zu 1000 Kč

⑤ Multifunktionale Räumlichkeiten
JATKA 78 E4

Theaterszene in den ehemaligen Schlachthofhallen 7 und 8. Hier wird Bühnenkunst auf den Kopf gestellt. Zirkusartisten aus London treten genauso auf wie Clowns und Magier. Die Eigenwerbung lautet: »Mit lodernden Herzen, schwitzenden Stirnen, für alle, die noch nie Erlebtes suchen.« Auf Tschechisch mit einem Blechkübel über dem Kopf zu singen ist wahrlich nicht mehr zu toppen. In Bistro, Café und Bar herrscht Werksatmosphäre.

Holešovice | Jindřišská 22 | Tram: Jindřišská | Tel. 6 02 44 88 54 | www.restauracetiskarna.com | tgl. 8–23 Uhr

⑥ Die beste Rooftop Bar der Stadt
CLOUD 9 SKY BAR & LOUNGE F3

Die Dachterrassenwelle aus New York hat auch Prag erreicht. Chill-out? Keine Frage, in der Cloud 9 Sky Bar & Lounge liegt man richtig: Der schwarze Marmor funkelt im Wettstreit mit den Sternen. Das Interieur ist sogar bis zur Toilette durchgestylt. Zu vorzüglichen Cocktails glitzert das nächtliche Pragpanorama, und die neue Exklusivität wird konsequent durchgezogen: Turnschuhe oder Sportbekleidung sind tabu.

Karlín | Hilton Hotel, Pobřežní 1 | Metro/Tram: Florence | Tel. 2 24 84 29 99 | www.cloud9.cz | Mo bis Sa 18–2 Uhr

⑦ Moderne Säle, optimale Akustik
FORUM KARLÍN ÖSTL. F4

Das Raumerlebnis bei 5000 Zuschauern ist gigantisch. In der ehemaligen Kesselfabrik wird Jazz, Soul und R 'n' B geboten. Egal, wer auftritt, die Halle kocht, vom Betonboden bis über die Ränge.

Karlín | Pernerova 51 | Metro: Křižíkova | Tel. 7 02 20 33 59 | www.forumkarlin.cz

SMÍCHOV (SMICHOW)

Smíchov heißt sinngemäß »Au des Lächelns«. Daraus wurde ein Industrieviertel, das sich nach der Wende zum aufstrebenden, kreativen Stadtteil mauserte. Das linke Moldauufer schillert als Bilderbuchfront im Jugendstil. Der Park des Fürsten Kinsky wartet mit ursprünglicher Natur auf.

Dass die »Goldene Stadt« irgendwo auch ihren »Goldenen Engel« haben muss, liegt klar auf der Hand. Und da ist er: Aus beinahe 150 Millionen Punkten zusammengesetzt, lässt er sich je nach Lichtverhältnissen mal deutlicher, mal nur schemenhaft erkennen. Diesen Effekt ermöglicht eine spezielle Technologie, die in Glasscheiben integriert ist. Der Stararchitekt Jean Nouvel setzte sie für die Fassade seines wellenartigen, zehnstöckigen Bürokomplexes »**Zlatý Anděl**« (Der Goldene Engel) ein. Dort wacht der Engel auf einem runden Eck, er hat auch einen Vorgänger. Der war tatsächlich golden und diente um 1878 als Hauswappen für einen Gasthof, weshalb auch der ganze Ort »Zum Engel« hieß. 100 Jahre später wurde das Anwesen abgerissen und im Jahr 2000 mit jenem spektakulären Bau Nouvels ersetzt, der noch eine Besonderheit aufweist: Gedichte in roten Buchstaben »fliegen« über die Glasfront. Zitiert werden Literaten, die einen Bezug zu Prag haben: Kafka, Meyrink, Orten, Apollinaire und Rilke. Letzterer ist sogar in diesem Viertel aufgewachsen. Kunst am Bau, allein deswegen lohnt sich der Abstecher zum »Zlatý Anděl«, neben dem Wenzelsplatz das zweite Zentrum Prags.

Im 18. Jh. genoss sogar Mozart fröhliche Gastfreundschaft in der barocken Villa **Bertramka**. Die Veränderungen schreiten in diesem Stadtteil rasch voran, was das Onlineportal »use-it« zu einem Quiz veranlasste: Wie gut kennen Sie Schmíchov? Frage: Kann man in Prag Rad fahren? – Ja! Rund 130 km

Ein Drittel von Prag ist grün. Der Kinsky-Garten ist ein Naturreservat und befindet sich unterhalb des Petřín.

markierte Wege und Pfade lassen sich problemlos mit dem Rad bewältigen. Eine Strecke führt beispielsweise entlang des Moldauufers von Smíchov bis nach Barrandov. Ein Felsplateau, an dem oben die Filmstudios liegen, das »Hollywood des Ostens«. Nach dem Vorbild in Los Angeles ist der Berghang mit einem Schriftzug markiert: Barrandov. Der Geologe Joachim Barrande entdeckte hier um 1840 versteinerte Fossilien von vorsintflutlichen Trilobiten. Womit sich die nächste Frage stellt: Kann man in Prag Bergsteigen? – Ja! Die Kreidewände von Barrandov aus dem Jura sind ein Eldorado für Speed-Climbing-Freunde, die im Vertikalsprint die Wände erklimmen. Frage: Hat die Moldau einen Strand, so weiß wie auf Hawaii? – Ja! Sogar einen mit Bacardi-Feeling, Sonnenschirmen und Liegestühlen, abends mit Partys. Barfuß im Sand zu heiraten liegt am **Smíchovská pláž** voll im Trend. Und ist Rainer Maria Rilke der berühmteste Smíchover? Nein, Karel Gott. Die »goldene Stimme« verstummte am 1. Oktober 2019 für ewig. Seine letzte Ruhestätte befindet sich auf dem Smíchover Friedhof Malvazinky. Ein Straßenschild mit seinem Namen folgt noch.

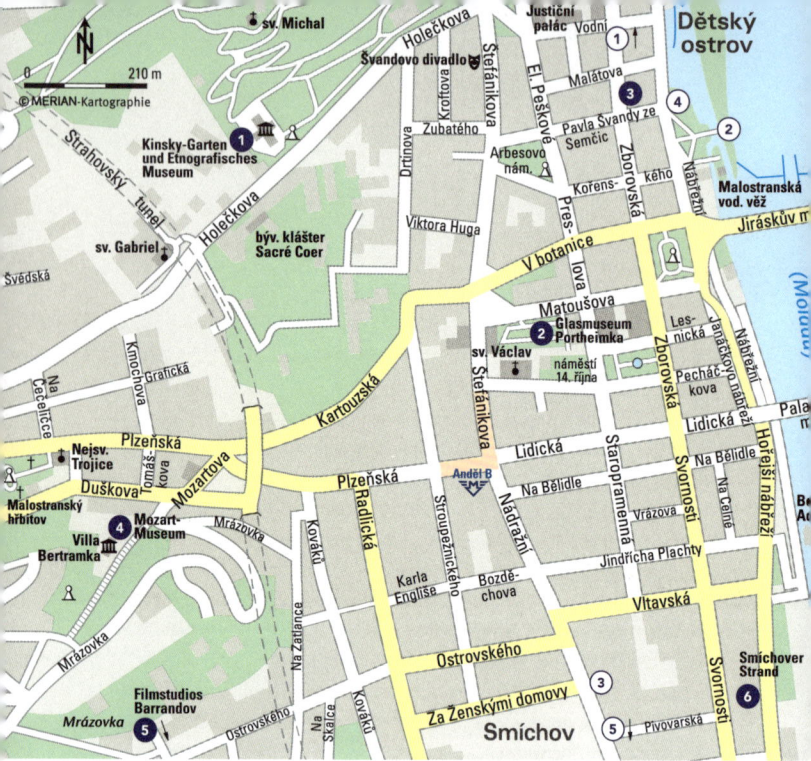

SEHENSWERTES

1 Kinsky-Garten und Etnografisches Museum

2 Glasmuseum Portheimka

3 Das Orakel der Prag-gründerin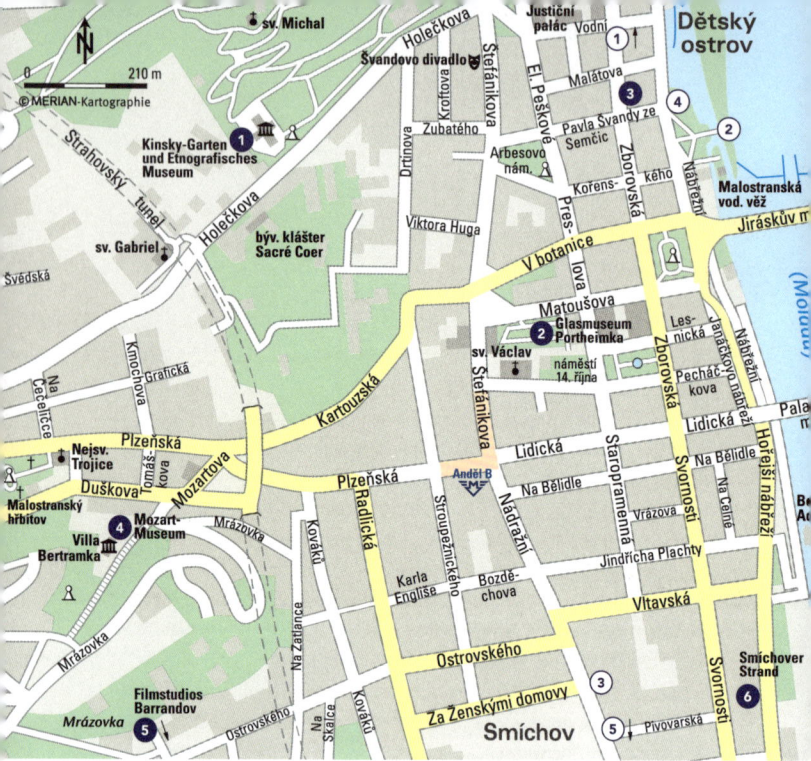

4 Mozart-Museum

5 Filmstudios Barrandov

6 Smíchover Strand

ESSEN UND TRINKEN

1 Café Savoy

2 Manú Risto & Lounge

3 Pivovar Staropramen

ABENDGESTALTUNG

4 Jazz Dock Bar & Café

5 MeetFactory

Sehenswertes

❶ KINSKY-GARTEN UND ETNOGRAFISCHES MUSEUM (ZAHRADA KINSKÝCH) B5/6

Das böhmische Uradelsgeschlecht Kinsky ist weitverzweigt. Grafen, Fürsten, Marschälle, Statthalter und ein weltberühmter Pferdezüchter, dessen Gestüt auf der UNESCO-Liste steht. Und einer, Rudolf Fürst Kinsky, ließ um 1827 einen Landschaftsarchitekten aus London kommen, um in Smíchov einen Englischen Garten einzurichten. Auf rund 22 ha erstreckt sich ein Geflecht aus Wegen, Bächen, kleinen Teichen, Brücken und künstlichen Felsgebilden. Wie ein apostolisches Vermächtnis aus dem Karpatengebirge erscheint mittendrin die griechisch-katholische Kirche des hl. Michael, die aus dunklen Holzbalken gezimmert ist. Das klassizistische Sommerschloss Kinsky mit zwei Seitenflügeln erhielt das Nationalmuseum für seine völkerkundlichen Sammlungen. Auch dafür legten die Kinskys den Grundstock.

Etnografisches Museum | Kinského zahrada 98 | Tram: Švandovo divadlo | www.nm.cz | Di–So 10–18 Uhr | Eintritt 70 Kč, erm. 40 Kč

❷ GLASMUSEUM PORTHEIMKA C6

Schon in der Barockzeit haben die berühmten Baumeister gut verdient. Zu welchem Reichtum manche von ihnen gelangten, lässt dieses Sommerschloss erahnen, das sich Kilian Ignaz Dientzenhofer (1689–1751) als Familienwohnsitz errichtete. Seine St.-Nikolaus-Kirche und das Palais Goltz-Kinsky zählen zu den Barockperlen Prags. Der heutige Name des Palais geht seit 1815 auf die jüdischen Gebrüder und Textilfabrikanten Porges von Portheim zurück. Seit 2017 öffnen sich die prachtvollen Säle für die weltberühmte tschechische Glaskunst. Das Kunstgewerbemuseum, u(p)m, beweist zusammen mit der tschecho-amerikanischen Stiftung Mládek anschaulich, wie Glas auf faszinierende Weise von Formen und Farben lebt.

Štefánikova 12 | Metro: Anděl | www.museumportheimka.cz | Di–So 10–18 Uhr | Eintritt 120 Kč, erm. 60 Kč | Café Českavárna Portheimka im Erdgeschoss | Mo–Fr 8–20, Sa, So ab 12 Uhr

❸ DAS ORAKEL DER PRAGGRÜNDERIN C5

Vor diesem Eckhaus blieb Dichter Rainer Maria Rilke (1875 bis 1926) schon als Kind immer stehen. Er schaute nach oben zu einem Fresko an der Fassade. Landesfürstin Libuše deutet inmitten ihrer Gesellen mit erhobener Hand in die Ferne. So schlug die Stunde des Orakels: »Ich sehe eine Stadt, deren Ruhm die Sterne berührt.« Ihre Prophezeiung hatte sich erfüllt. Am linken Moldaukai, an dem einst Rilke spazieren ging, reihen sich märchenhafte Fassaden aneinander, die vorbeifahrenden Schiffe in der Schleuse zum Greifen nah. Die Kaipromenade ist zwar nach dem Komponisten Leoš Janáček (1854 bis 1928) benannt, eigentlich ist sie aber das »Rilke-Ufer«.

Janáčkovo nábřeží 31 | Tram: Arbesovo náměstí

❹ MOZART-MUSEUM (MOZARTOVO MUZEUM) B6

In der Villa Bertramka der Familie Dušek wohnte Mozart während seiner Besuche 1787 (»Don Giovanni«) und 1791 (»La clemenza di Tito«). Das Objekt wurde 2009 an die Prager Mozart-Gemeinde restituiert. Was an musealem Nachlass übrig blieb, ist ziemlich mager. Doch der Blick auf die ungeschminkte Vergänglichkeit lässt innehalten.

Mozartova 15 | Tram: Bertramka | www.mozartovaobec.cz | Di–So 10–17 Uhr | Eintritt 100 Kč, erm. 60 Kč

❺ FILMSTUDIOS BARRANDOV NÖRDL. C8

Eines der größten und ältesten Studiogelände in Europa. In mehr als 80-jähriger Existenz wurden hier über 2500 tschechische und internationale Filme gedreht. Die Gründung hängt mit der Geschichte der Familie Havel zusammen (vom Großmühlenbesitzer als Urgroßvater, über Medienmagnaten, Baulöwen bis zum Schriftsteller und Präsidenten Václav Havel). Václavs Onkel Miloš kam 1931 von einer Reise aus Los Angeles mit der Idee zurück, in Prag ein Hollywood zu etablieren, was ihm auch gelang. Während der Nazi-Besatzung verlegte Berlin die Filmproduktion hierher, nachdem die Alliierten dort die

Drehort Prag: Straßen wie in New York finden sich hier für Gangsterfilme.

Studios Babelsberg zerbombten. Über 80 NS-Produktionen waren hier entstanden (»Jud Süß«, »Der große König«, »Kolberg«). Eine Zusammenarbeit mit amerikanischen Produktionen begann schon während des Sozialismus, zuerst mit Kriegsfilmen. Nach der Wende mauserte sich Barrandov zum »Hollywood des Ostens«.

Filmové ateliery Barrandov | Křiženeckého náměstí 5 | Bus 105 von Smíchovské nádraží (Tram: Bahnhof Smíchov) | www.barrandov.cz | Sa, So 10–16, geführter Rundgang, Termine: Mo–Fr 9–14 Uhr, Dauer: ca. 2 Std. | Reservierung über prohlidky@barrandov.cz | Gruppen ab 10 Personen à 160 Kč | mehr über Prag als Drehort: www.filmtourismus.de

❻ SMÍCHOVER STRAND (SMÍCHOVSKÁ PLÁŽ) c7

Er gehört zu den »10 Best Urban Beaches in Europe«: 200 m lang, mit 700 t Sand aufgeschüttet. Hier kann man in Liegestühlen mit Blick zum Burghügel Wyschehrad und zum Emmauskloster (Emauzy) relaxen. Zum Baden sind die Moldaufluten allerdings ungeeignet. Dafür gibt es einen Pool mit azurblauem Wasser. Außerdem kann man Volleyball, Badminton sowie Pétanque spielen. Am Wochenende locken Partys und Sommerkino mit Blockbustern.

Hořejši nábřeží 5 (beim Botel Admirál) | Metro: Anděl | Mai–Sept., Mo–Fr 11–22, Sa, So 10–22 Uhr | Eintritt frei

Essen und Trinken

① *Als würden Franzosen tschechisch kochen*
CAFÉ SAVOY C5

Der Blick bleibt an der kunstvollen Kassettendecke hängen: Gold, Ornamente und opulente Verzierungen. Der gleiche Ausstatter wie im Nationaltheater hatte das Lokal 1893 eingerichtet. Die Pracht verschwand vor dem Krieg zum Schutz unter einer zweiten Decke und geriet in Vergessenheit. Nach der Wende bei der Renovierung wiederentdeckt, wurde das Café Savoy zum Rivalen des Café Slavia am anderen Moldauufer. Hier gibt es tschechische Küche, kulinarisch verfeinert. Und die Obstknödel sind einfach himmlisch.

Vítězná 5 | Tram: Újezd | Tel. 7 31 13 61 44 | www.cafesavoy.ambi.cz | Mo–Fr 8–22.30, Sa, So ab 9 Uhr | €€€

② *Reif für die Insel, Fisch und Steaks satt*
MANÚ RISTO & LOUNGE C5

Emanuele Ridi stammt von der toskanischen Insel Elba. Auf dieser Moldauinsel erfüllte er sich seinen Traum: Als studierter Ökonom wurde er ein Gourmetkoch aus Leidenschaft. Mit dem Ambiente zählt sein Ristorante zu den stylishsten in Prag. Im Garten gibt es eine Relax-Lounge. Toskanaküche auf hohem Niveau, ökologisch auf die kleinstmögliche Umweltbelastung ausgerichtet.

Janáčkovo nábřeží/Dětský ostrov 25 | Tram: Arbesovo náměstí | Tel. 7 25 16 16 16 | www.manuristo.cz | tgl.12–24 Uhr | €€€–€€€€

③ *Bier unter Pragern*
PIVOVAR STAROPRAMEN (BRAUEREI ALTQUELLE) C6

Nicht so berühmt wie das Pilsner Urquell, aber von Pragern als Hausmarke geliebt. 1869 gegründet, ist die Brauerei zum Kult gereift. Die Bahnhofsnähe spricht fürs Publikum. Unter waschechten Pragern im Ausschank »Výčep pod Komínem« (Unter dem Schornstein) bechern, da kommt man auf Tuchfühlung und spürt ihr Temperament. Die Brauerei unterhält auch eine eigene Restaurantkette, die über ganz Prag verstreut ist: »Potrefená Husa« (Getroffene Gans). Dort ist es rustikal, im

Stil einer Sportbar mit Systemgastronomie auf gutem Standard. Das Brauereimuseum lehrt, wie man vom hemdsärmeligen Biertrinker zum kultivierten Bierkenner wird. Den Bierkrug kann man beispielsweise auf zwölf verschiedene Arten halten.

Brauerei: Nádražní 84 | Museum um die Ecke: Pivovarská 9 | Tram: Na Knížecí | Tel. 2 73 13 25 89 | www.centrumstaropramen.cz, www.staropramen.cz | Mo–Sa 10–18 Uhr | Eintritt 199 Kč, erm. 169 Kč (mit Kostprobe)

Abendgestaltung

④ *Live-Jazz auf dem Wasser*
JAZZ DOCK BAR & CAFÉ c5

Ein gläserner Jazzpavillon auf einem schwimmenden Ponton. Futuristisch fragil passt die Transparenz zum Sound: klirrend, experimentell, elektronisch. Die Lichteffekte spiegeln sich auf der Moldau. Nach Experteneinschätzung ist diese Bar das beste Live-Podium Prags. Online gibt es eine Programmvorschau mit Videoclips. Ein Highlight ist außerdem das eigene Festival »Jazz On5«.

Janáčkovo nábřeží 2 | Tram: Arbesovo náměstí | Tel. 7 74 05 88 38 | www.jazzdock.cz | Mo–Do 17–4, Fr–So ab 15, Auftritt 21 Uhr | Sitzplatz 400 Kč, Stehplatz 280 Kč

⑤ *Kreativtreff für Gegenwartskünstler*
MEETFACTORY südl. c8

Prags Chefprovokateur, David Černý, regiert diese ehemalige Werkstatt, in der man dereinst Bahnwaggons reparierte. An die Fassade ließ Černý (heißt Schwarz) zwei erdbeerrote Limousinen montieren. Wie zwei Mäntel an der Garderobe hängen sie dort. Mit drei Galerien, Club, Theater, Konzertpodium genutzt, trifft sich hier ein internationales Publikum. In der Tagesbar gibt es Gulasch, Bier, Caffè Latte. Bei den Vernissagen kann man durch Kühlschränke kriechen und sich Stühle wie ein Sakko anziehen. Im oberen Stockwerk arbeitet David Černý in seinem Atelier, wo seine Skulpturen für Prags neues Gesicht entstehen.

Ke Sklárně 15 | Tram: Lihovar | Tel. 7 74 05 88 38 | www.meet factory.cz | tgl. 13–20, Liveprogramm ab 18.30 oder 20 Uhr | Eintritt 250 Kč

SPAZIERGÄNGE UND AUSFLÜGE

Goldenes Gässchen: In den Zwergenhäuschen muss man sich bücken. Im Haus Nr. 22 schrieb Kafka an seinem Erzählband »Ein Landarzt«.

KAFKA-SPAZIERGANG
Zwischen Legenden und Mythen – von verschollenen Welten zur Gegenwart

Für Franz Kafka schwärmt eine weltweite Fangemeinde. Die Jüngeren verehren ihn wie einen Popstar. Als jüdischer Schriftsteller war er unter den Nazis und im Sozialismus verpönt. Nach der Wende wurde er wiederentdeckt, und um seine Person blühte ein regelrechter Kult auf. Ein Spaziergang auf seinen Spuren mit zehn Stationen.

© MERIAN-Kartographie

Start: Jüdische Stadt, **Ziel:** Hungermauer, Hügel Petřín

① JOSEFOV – PRAGS JERUSALEM

Einer der ältesten Orte der jüdischen Kultur in Europa. Die Rückkehr einer fast verlorenen Tradition wird zelebriert. Die jungen Chassidims eilen in ihrer religiösen Tracht in die Synagoge. In der Straße des Hofbankiers Mordechai Maisel (1528 bis 1601) mischt sich jüdisches Leben mit Tourismus. Die Altneu-Synagoge hat Kafka als Kind am Samstag (Sabbat) besucht. Im jüdischen Rathaus hielt er seine erste Lesung. Sein

Geburtshaus an der Kreuzung der Straßen Maiselova und Kaprova wurde 1890 abgerissen. Eine 1968 während des »Prager Frühlings« angebrachte Büste Kafkas markiert diese Ecke. Der Abstieg in die »Welt von Franz Kafka« (→ S. 70) beginnt gegenüber und führt in ein unterirdisches Labyrinth.

Maiselova 18 | www.kehilaprag.cz

② BUCHHANDLUNG FRANZ KAFKA

Als wäre Kafka gerade hier gewesen, so authentisch erscheint das Ambiente, das den 1900er-Jahren nachempfunden ist. Im Hinterhof befindet sich der Sitz der Franz-Kafka-Gesellschaft, die alljährlich den Kafka-Preis an Autoren verleiht.

Široká 14 | www.franzkafka-soc.cz | Buchladen tgl. 10–18 Uhr

③ KAFKA-DENKMAL

Von der ersten Idee 1990, für Kafka ein Denkmal zu errichten, vergingen zehn Jahre bis zum Wettbewerb für die Statue. Sieben Bildhauer hatten sich beteiligt. Der Sieger Jaroslav Róna benötigte drei Jahre für die Fertigstellung seiner Skulptur des doppelten Kafka (→ S. 85), die 2003 enthüllt wurde.

Dušní 12 | zwischen der katholischen Heilig-Geist-Kirche und der jüdischen Spanischen Synagoge

④ DAS GEISTERHAUS

Mit neun Jahren bekam Kafka sein erstes eigenes Zimmer. Von dem Haus »Zu den drei Königen« bis zur Schule im Palais Goltz-Kinsky waren es für ihn nur wenige Schritte. In Mathe hatte er völlig versagt. Nachts traumatisierte ihn der Fensterblick in den düsteren Innenhof der Teynkirche. Die Dämonen, die er dort zu sehen glaubte, verfolgten ihn ein Leben lang.

»U tří králů«, Celetná ulice 3

⑤ BÜRGERLICHE BADEANSTALT

Eines der ältesten Flussbäder Europas steht an der Moldau und wurde um 1840 eröffnet. Der junge Kafka lernte hier schwimmen, nahm sogar an Wettbewerben teil. Sportlich, wie er war, spielte er auch Tennis und liebte ausgedehnte Spaziergänge.

Die »Bürgerliche Badeanstalt« (Občanská Plovárna, → S. 132) ist seit 2019 eine feine Gourmetadresse. Zum Franz-Kafka-Museum (→ S. 128) auf der Kleinseite folgt man dem Moldauufer gegen den Strom in Richtung Karlsbrücke.

U Plovárny 1, bei der Čech-Brücke | Metro/Tram: Malostranská | www.obcanskaplovarna.cz

⑥ KAFKAS SCHREIBSTUBE

Die Gebäude im Goldenen Gässchen an der Burgmauer erinnern an Legofiguren. In dem blauen Zwergenhaus Nr. 22 fand der lärmempfindliche Kafka endlich Ruhe, um seinen Roman »Das Schloss« zu beenden und die Erzählung »Der Landarzt« zu verfassen. Von seiner Schwester Ottla mit allem versorgt, schrieb er immer nachts, aber nie länger als zwei Stunden. Hier befindet sich auch der kleinste Buchladen Prags, der auf Prager Literatur und Bildbände spezialisiert ist.

Vitalis, Zlatá ulička 22 | www.vitalis-verlag.com

⑦ PALAIS SCHÖNBORN

An diesem 1715 erbauten Barockpalais weht heute das Sternenbanner der US-Botschaft. Kafka fand hier 1917 seinen letzten eigenen Wohnsitz, zwei Zimmer, direkt über der Einfahrt im Hinterhof. In der Nacht vom 12. auf den 13. August meldete sich bei ihm mit einem Blutsturz die tödliche Krankheit Tuberkulose. Kafka gab diese Wohnung auf und zog zurück zu seinen Eltern ins Oppelthaus am Altstädter Ring.

Palais Schönborn, Tržiště 15 | Tram: Malostranské náměstí

⑧ HUNGERMAUER

Die Forscher sind sich einig: An der Hungermauer Karl IV. fand Kafka zahlreiche Inspirationen (→ S. 174). Auf dem Hügel Petřín von Újezd über Strahov bis zum Hradschin zieht sich dieses Bollwerk, 4 m hoch, bis zu 2 m breit. Als eine Arbeitsmaßnahme für die Armen gegen den Hunger erst später durch Legenden verklärt, diente diese Wehrmauer mit Zacken und Schießscharten natürlich einem strategischen Zweck.

Hladová zeď (Hungermauer) | Tram: Újezd

Das Gespenst aus dem unterirdischen Labyrinth der »Welt von Franz Kafka«: Herr K. trägt im Roman »Der Process« Kafkas autobiografische Züge.

⑨ MAGISCHE GROTTE

Der Maler des »kafkaesken« Surrealismus residiert hier an der Stelle, an der sich Kafka das Pragpanorama als Peking vorstellte. Von der Hungermauer nicht weit, verwandelte Reon Argondian ein Gartenhaus des Grafen Schönborn zu seinem Atelier: Bilder über Bilder, eine Medusa, der geigende Teufel, Gnome, Hybriden sowie Faune. Kafka hätte an dieser Galerie sicher seinen Gefallen gehabt.

Petřínské sady 417 | Drahtseilbahn: Nebozízek | www.reon.cz | tgl. 10 bis 22 Uhr | Eintritt 70 Kč, erm. 50 Kč

⑩ KAFKAS GRAB

Am Grab Nr. 21-14-24 von Dr. Franz Kafka (1883–1924) treffen sich die von Untergangsstimmung geplagten Kafka-Verehrer. Tschechisch zu lernen, um Kafkas Werk im Original zu lesen, ist nicht nötig. Kafka schrieb auf Deutsch, in perfekt geschliffener Form. Einen Doktortitel (Jura) hatte er auch.

Außerhalb des Spaziergangs: Nový židovský hřbitov, Olšany, Izraelská 1 | Metro: Želivského | www.synagogue.cz | April–Okt. Mo–Do, So 9–17, Nov.–März bis 16, Fr jeweils bis 14 Uhr

AUSFLUG
Burg Karlstein – die berühmteste Burg Tschechiens, Schatzkammer von Karl IV.

Das buckelige Hochland, in dem die Hügel miteinander Verstecken spielen, erschien für Kaiser Karl IV. ideal für seinen Plan. Auf einem dieser bewaldeten Kegel namens Mönchsberg ließ er im Jahr 1348 einen sicheren Aufbewahrungsort für den Krönungsschatz errichten.

Dauer: Tagesausflug **Anfahrt:** Autobahn D 5 Richtung Plzeň, Exit 14 Beroun-Východ, dann Landstraße | www.hrad-karl stejn.cz | Besichtigung nach Zeitplan, ggf. reservieren | **Einkehrtipp:** Romantikhotel Mlýn (Mühle) Karlštejn mit Terrasse über dem Fluss Berounka | Tel. 3 11 74 44 11 | www.hotel mlynkarlstejn.cz | tgl. 12–24 Uhr | €€–€€€

DER MÖNCHSBERG
Selbst in unmittelbarer Umgebung sieht man die Burg nicht sofort. Erst nach einem schweißtreibenden Aufstieg über einen kurvigen »heiligen Weg« tauchen wie aus dem Nichts urplötzlich die Türme auf. Wie angewurzelt steht man vor den gewaltigen, bis zu 7 m dicken Mauerwerken. Die Bauzeit der Burg betrug nur zehn Jahre. Die Lösungen des Architekten Peter Parler verblüffen noch heute: Zugbrücken, die kühn in der Luft hängen, Treppen, die in schwindelerregende Höhen steigen.

DIE UNEINNEHMBARE
Dieses Prädikat hat sich Karlstein verdient. Die Burg wurde niemals erobert. Versuche dazu gab es genug. Die Hussiten waren mit ihrer Belagerung fast 14 Jahre lang erfolglos. Die Schweden scheiterten 1648 kläglich. Die Innenhöfe, terrassenartig angelegt, entsprechen einer hierarchischen Rangordnung. Die Bediensteten unten, in der Mitte das Burggrafenamt, darüber der kaiserliche Palast.

Burg Karlstein: Kaiser Karl IV. fühlte sich hier Gott ganz nahe.

KIRCHE DER JUNGFRAU MARIA

Die Kapelle der hl. Katharina und die Kirche der Jungfrau Maria ließ der Kaiser für die Reliquien der beiden Heiligen bauen, vornehmlich Knochen, Haut- und Schädelreste. Mit einem Zugang direkt aus seinem Schlafgemach konnte er noch im Morgenmantel zum Gebet eilen und so den Tag beginnen.

HEILIGKREUZKAPELLE

Zu Gott in unmittelbarer Nähe wähnte sich der Kaiser in dieser allerheiligsten Kammer, die durch vier eiserne Türen und neun Schlösser gesichert ist. Die Wände sind mit 2200 Edelsteinen ausgeschmückt. Unter der Gewölbedecke hängen die landesweit wertvollsten Kunstobjekte Tschechiens: die 127 Tafelgemälde des Meisters Theoderich. In die Darstellung des »Himmlischen Heeres«, das Karl IV. als von Gott erwählten Herrscher anführt, sind echte Reliquien eingearbeitet, die der Kaiser selbst leidenschaftlich sammelte.

DIE BURGSITTEN

In den beiden Türmen zu übernachten, war Frauen nicht erlaubt, sogar der Gattin des Kaisers nicht. Ihre Räume waren in einem Nebentrakt untergebracht. Die Gattin selbst wurde des Öfteren auf die benachbarte Burg Křivoklát verbannt, um den Kaiser bei seinen Meditationen nicht zu stören. Gott nahe, dem Menschen fern, das war sein Leben.

WISSENSWERTES

Sgraffiti an der Fassade des Palais Schwarzenberg am Hradschin: Prag ist ein großes Freilicht-
museum zum Anfassen — mit Mauern, die
Geschichten erzählen.

SERVICE

Anreise und Ankunft

Mit dem Auto

Die Tschechische Republik gehört seit 2008 zum europäischen Schengenraum. Die Kontrollen an den Grenzen zu Deutschland, Österreich, Polen und der Slowakei sind damit weggefallen. Auf den tschechischen Autobahnen und Schnellstraßen besteht Mautpflicht. Die Vignette (»dálniční známka«) mit eingetragenem Kennzeichen ist genau nach der Markierung (Skizze auf der Rückseite) an der Windschutzscheibe anzubringen, sonst ist sie ungültig. Sie besteht aus zwei Teilen, der untere Abschnitt (mit notiertem Kennzeichen) muss als Kaufbeleg aufbewahrt werden. Das Bußgeld bei Verstoß gegen Mautvorschriften beträgt 100 € (mehr siehe unter Verkehrsregeln).

Mit der Bahn

Ankunft am Praha hlavní nádraží (Hauptbahnhof) oder am Bahnhof Holešovice. Der Abfahrtsbahnhof für die Züge nach Deutschland ist unterschiedlich. Fahrplan beachten!

Mit dem Bus

Von allen Großstädten in Deutschland, Österreich und der Schweiz pendeln täglich mehrmals Linienbusse nach Prag. IC Bus der Deutschen Bahn und Eurolines. Ankunft ist am Hauptbahnhof mit Anschluss an Metro C oder am Busbahnhof Florenc mit Anschluss an Metro B und C.

Mit dem Flugzeug

Der Václav-Havel-Flughafen liegt in Ruzyně, etwa 15 km vom Zentrum entfernt. Mit öffentlichen Verkehrsmitteln in die Stadt: Bus 119 zum Bahnhof Veleslavín (15 Min., dann Metro A). Alternativ: Bus 100 zur Station Zličín (20 Min., dann Metro B). Ein Taxi in die Altstadt kostet 20 bis 28 €. Auf www.atmosfair.de und www.myclimate.org kann jeder Reisende durch eine Spende für Klimaschutzprojekte für die CO_2-Emission seines Fluges aufkommen.

Auskunft

www.czechtourism.com
www.praguecitytourism.cz
www.praha.eu

Buchtipps

Václav Havel: Fassen Sie sich bitte kurz: Gedanken und Erinnerungen (Rowohlt, 2007) Ein Seelenspiegel des Dichterpräsidenten, der das Land veränderte.»Die große Politik ist nichts anderes, als eine Verkettung der kleinen Dinge, entstanden aus unzähligen Zufällen«, resümierte Václav Havel.

Norbert Schreiber: Prag. Eine Stadt in Biographien: MERIAN *porträts* (Travel House Media, 2013) 20 ausgewählte Biographien, etwa über Bedřich Smetana, Václav Havel oder Lenka Reinerová, zeichnen ein lebendiges historisches wie auch aktuelles Bild der Stadt.

Richard Swartz: Austern in Prag. Leben nach dem Frühling (Zsolnay, 2019). Ein Schwede in Prag, als Journalist beschreibt er die sozialistischen 1980er-Jahre hintergründig, pointenreich und mit Prager Humor. Spannend von der ersten bis zur letzten Seite.

Renate Ulmer: Mucha. Auftakt zum Art Nouveau (Taschen, 2011) Das Buch gibt einen Einblick in das Leben und Schaffen des Jugendstilmalers Alfons Mucha, der Prag mit ätherischem Grafikstil anhauchte. Er hat Plakate für Sarah Bernhardt, ornamental verspielte Werbung und die Banknoten für die Erste Republik entworfen.

Thomas Veszelits: Goldene Gassen, flüchtende Schatten. Prag, die Hauptstadt der Illusion (Herbig/Horizonte, 2008) Mit zahlreichen Fotos dokumentiert, wird der Leser vom Autor dieses Reiseführers durch die verborgenen Winkel Prags geführt, um die Geheimnisse der »Goldenen Stadt« zu entdecken.

Diplomatische Vertretungen

Deutsche Botschaft (im Kleinseitner Palais Lobkowitz)
Malá Strana | Vlašská 19 | Tram: Malostranské náměstí | Tel. 2 57 11 31 11 | www.deutsche-botschaft.cz | Mo–Fr 8.30–12 Uhr

Österreichische Botschaft
Smíchov | Viktora Huga 10 | Metro: Anděl | Tel. 2 57 09 05 11 | www.austria.cz | Mo–Fr 9–12 Uhr

Schweizer Botschaft

Střešovice | Pevnostní 7 | Metro: Hradčanská, Tram 18 bis zur Endstation | Tel. 2 20 40 06 11 | www. eda.admin.ch | Mo–Fr 9–12 Uhr

Feiertage

1. Januar Neujahr
Ostermontag
1. Mai Maifeiertag
8. Mai Tag der Befreiung
5. Juli Slawische Heilige Cyril und Method
6. Juli Gedenktag von Jan Hus
28. September Tschechischer Staatserklärungstag und hl. Wenzelstag (Landespatron)
28. Oktober Tag der Unabhängigkeit
17. November Tag des Kampfes für Freiheit und Demokratie (»Samtene Revolution«, 1989)
24./25./26. Dezember Weihnachten

Geld und Währung

Währung ist die Tschechische Krone (Koruna, Kč).
10 Kč = 0,40 €/0,49 SFr
1 € = 25 Kč
1 SFr = 20,50 Kč

Links und Apps
Prag alternativ

Straßenkarte (englisch): prague.use-it.travel.

Prague Card

Gilt für den Eintritt zu 60 Sehenswürdigkeiten, eine Gratis-Stadtrundfahrt sowie eine Moldau-Kreuzfahrt.
Für zwei Tage: 62 €, erm. 46 € | www.praguecard.com

Prague Orloj (App)

Die Astrologische Uhr vom Altstädter Rathausturm mit der Apostelparade gibt es auch fürs Smartphone.
iOS und Android: www.apkpure.com | 1,79 €

Kleidung und Schuhwerk

»Katzenköpfe« nennt man in Prag das Kopfsteinpflaster. Auf den leicht gerundeten Steinen zu balancieren geht in die Waden. Gute Laufschuhe sind wichtig. Auf dem Alten Jüdischen Friedhof und in den Synagogen haben Männer eine Kippa aufzusetzen. Sie werden am Eingang aus Pappe zur Verfügung gestellt. Käppis oder Hüte werden auch akzeptiert.

Kriminalität

Autoknacker schlagen zu. Neu ist das Kennzeichen-Kidnapping: Die Schilder werden gestohlen, die Täter hinterlassen eine Telefonnummer und

verlangen Lösegeld (500 €
und mehr). Die Polizei gibt
sich bisher hilf- und ratlos.
Man sollte also nur in be-
wachten Garagen parken.
Das bevorzugte Revier der
Taschendiebe liegt rund um
die U-Bahn. Vorsicht auf den
Rolltreppen: Wenn die Diebe
plötzlich anhalten, erfolgt im
Gedränge der organisierte
Zugriff auf die Taschen. Die
nächste Falle: die Trickbetrü-
ger am Wenzelsplatz und am
»Goldenen Kreuz«. Gut ange-
zogen, bieten sie mit gepflegten Manieren an, Euros zu
einem vorteilhaften Kurs zu
wechseln. Wer auf diese Ma-
sche reinfällt, wird betrogen
oder vermisst später seine
Brieftasche.

Medizinische Versorgung
Krankenversicherung: Die
Vorlage einer Europäischen
Krankenversicherungskarte
(EHIC) ist ausreichend.

Notruf
Zentraler Notruf: 112
Polizei: 158
Feuerwehr: 150
Rettungsdienst: 155
Pannenhilfe Tschechien: 1230
ADAC Pannenhilfe für das
Ausland: +49 89 22 22 22

Öffentliche Verkehrsmittel
Bus
Für den gängigen Pragbesu-
cher ist der Bus in den meisten Fällen ohne Bedeutung,
denn diese Linien verkehren
in der Regel von den Endsta-
tionen der Tram weiter hinaus
in die Vorstädte. Nützlich ist
der Bus 112 zum Schloss Troja
und zum Zoo.

Erdseilbahn
Eine echte Prager Kuriosität:
Die Wagen auf Zahnrädern
werden von einem Drahtseil
gezogen. Dieser Kurzzug
fährt von der Tramstation
Újezd zum Berg Petřín mit
einem Zwischenstopp in Nebozízek (kleiner Bohrer), wo
es ein Aussichtsrestaurant
gibt und der Weg zur Hun-
germauer beginnt. Der Fahr-
preis beträgt 26 Kč (tgl. 9.15
bis 20.45 Uhr).

Fahrkarten
Sorglos unterwegs mit allen
öffentlichen Verkehrsmitteln
ist man mit einer Tageskarte
für 110 Kč, 3 Tage für 310 Kč.
Einzelfahrkarten: 24 Kč (gelten 30 Min.), 32 Kč (90 Min.).
An Automaten, in Tabaklä-
den (»trafika«), Zeitungskios-
ken erhältlich (www.dpp.cz).

Metro

Drei Linien, farblich und mit Buchstaben gekennzeichnet: **Linie A** (grün), die »Touristische«, führt an allen wichtigen Sehenswürdigkeiten vorbei, taucht unter der Moldau ab und kommt hinter der Burg Hradschin wieder hoch. **Linie B** (orange) verläuft quer zur Linie A, Umsteigemöglichkeit am Wenzelsplatz (Station Mûstek), Verbindung westwärts zu Andĕl (Shoppingcenter Goldener Engel), ostwärts zum Platz der Repulik (Shoppingcenter Palladium, Gemeindehaus). **Linie C** (rot) verbindet den Busbahnhof Florenc mit Masarykovo (Regionalbahnhof) und dem Hauptbahnhof zum Nationalmuseum am Wenzelsplatz. Weiterfahrt nach Vyšehrad (Wyschehrad).

Taxi

Unter den Prager Taxifahrern sind immer noch genügend schwarze Schafe. Mit »Taxi Fair Place« sind über 120 Standplätze markiert, an denen die Preise korrekt nach Tarif berechnet werden: 28 Kč für 1 km, eine Fahrt innerhalb des Zentrums kostet zwischen 160 und 240 Kč.

Wie die »gelben Engel« wurden die gelben AAA Taxis designt, um vertrauensvoll zu wirken (Tel. 1 40 14 oder 2 22 33 32 22). Um neue Ehrlichkeit bemüht sich auch Taxi Praha (Tel. 2 22 11 10 00).

Tram

Das Schienennetz ist derart engmaschig, dass praktisch durch jede Straße eine Tram rumpelt – auch für Stadtrundtouren geeignet (siehe Stadtbesichtigung).

Parken
Reservieren

Mr. Parkit macht es möglich. Den Parkplatz online reservieren, ankommen, aussteigen. Das Auto wird automatisch eingeparkt. Die Ausfahrt ist wiederholt möglich, da der Parkplatz für die Reservierungsdauer stets zur Verfügung steht. Die Bedienung erfolgt per Smartphone oder durch die Rezeption. Die Garagen gibt es in mehreren Stadtteilen (www.mrparkit.com).

Vorsicht

Die Radkralle (»botičky«, deutsch Schühchen) klemmt am Auto schneller, als man denkt. Auf den Straßen der gesamten Altstadt, Kleinseite und Neustadt darf nur mit Sondergenehmigung geparkt werden. Für Parksünder wird es teuer. 50 € Strafe plus 60 € fürs Abnehmen der Radkralle. Parkmöglichkeiten gibt es bei den großen Einkaufszentren: Palladium, Zlatý Anděl (Goldener Engel), Smíchov, am Hauptbahnhof und im Parkhaus neben der Oper.

Post

Briefkästen sind orangefarben. Briefmarken erhält man in allen Postfilialen (Mo–Fr 8–18, Sa 8–12 Uhr).

Reisedokumente

Deutsche, Österreicher und Schweizer können mit einem gültigen Reisepass oder auch Personalausweis (Identitätskarte) einreisen. Kinder benötigen ein eigenes Reisedokument, der bisher übliche Eintrag im Pass der Eltern wird nicht mehr anerkannt.

Reiseknigge

Die Bezeichnung des Landes heißt Tschechische Republik oder Tschechien. »Tschechei« ist Nazi-Sprache! Diesen Begriff sollte man also unbedingt vermeiden.

Stadtbesichtigung

Es gibt Droschken am Altstädter Ring und Kleinbusse vor dem Gemeindehaus (Platz der Republik). Neu sind die »Free Guides«: Aussteiger, Studenten, Lebenskünstler, die am Altstädter Ring mit einem bunten Regenschirm mit Sprachangabe stehen. Sie bieten Führungen zum Nulltarif an und erwarten lediglich ein Trinkgeld.

Sightseeing mit der Tram

Die Linie 17 fährt von Vyšehrad (Wyschehrad) vorbei an Nationaltheater, Karlsbrücke und Rudolfinum bis zur Endstation Messegelände Holešovice (Holleschowitz). Die Linie 22 ermöglicht die günstigste Rundfahrt. Das wissen aber auch schon viele Touristen, sodass die Prager durch den Andrang ziemlich genervt sind. Man sieht viel: Vom Karlsplatz über die Neustadt überquert die »22« beim Nationaltheater die Moldau, kriecht im Stau über die Kleinseite, schlängelt sich hoch zum Hradschin, hält an der Burg – nur etwa 300 m vom St.-Veits-Dom entfernt – und rollt weiter zum Strahov-Kloster. Von einer Endstation zur anderen erlebt man jeweils auch noch das postsozialistische Prag (Fahrzeit in eine Richtung ca. 90 Min.).

Telefon
Vorwahlen
D, A, CH ▸ Prag 0 04 20
Prag ▸ D 00 49
Prag ▸ A 00 43
Prag ▸ CH 00 41

Tiere
Hunde und Katzen benötigen zur Einreise einen EU-Heimtierausweis (stellt der Tierarzt aus) mit Nachweis einer Tollwutimpfung (die Impfung muss für die erste Prophylaxe mindestens 21 Tage vor Grenzübertritt eingetragen sein). Das Tier muss mit einem Mikrochip identifizierbar sein, eine Tätowierung ist nicht mehr ausreichend.

Trends
Die jungen Prager schwärmen für Biere mit Fruchtgeschmack (Kirsch und Zitrone sind dabei führend), Bands, die Oldies der 70er- und 80er-Jahre spielen, Radeln am Moldauufer, Werkscafés in Smíchov, Katzencafés in Karlín, Hochzeit am Strand des Moldauflussbades Smíchov,

Meditation auf der Schützeninsel. Als größter Popstar aller Zeiten gilt der »Beatle« Paul McCartney.

Trinkgeld
Ohne Vermerk auf der Speisekarte verstehen sich die Preise auf der Rechnung inklusive Bedienung. In besseren Restaurants wird ein Zuschlag von 10 % gern gesehen. In volkstümlichen Lokalen rundet man auf.

Verkehrsregeln
Tempolimits: auf der Autobahn 130 km/h, Landstraße 80 km/h, in der Ortschaft 50 km/h. Abblendlicht auch tagsüber, von November bis März sind Winterreifen Pflicht, Mindestprofil 4 mm. Bei einem Unfall sollte immer die Polizei gerufen werden. Bei sichtbaren Schäden am Fahrzeug muss im Protokoll vermerkt sein, dass die Ausreise erlaubt ist. Die wichtigste Regel: Alkoholverbot, Null-Promille.

Zoll
Auskünfte für Deutschland: www.zoll.de
Österreich: www.bmf.gv.at
Schweiz: www.zoll.ch

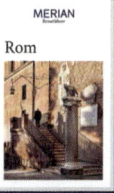

TRAMVAJE a METRO v Praze
Trams and Metro in Prague

Orientační plán – Denní provoz – Tr...
Map – Daytime operation – Permanent...

Letiště Václava Havla Praha
Václav Havel Airport Prague
BUS 100, 119

NÁDRAŽÍ PODBABA
8
18

DIVOKÁ ŠÁRKA
20 26

Nádraží Veleslavín
Bořislavka
20 26
Dejvická
8 18
20 26

Hradčanská
1 8 12 25 26

DEJVICE

BUBENEČ

Sparta

LETNÁ

SÍDLIŠTĚ PETŘINY
1 2

Vojenská nemocnice

Petřiny

Vozovna Střešovice

Pražský hrad
22 23

2 12
18 20

1 2

HRADČANY

Malovanka

Malostranská

15

12
15
18 20

Staroměstská
17

Čechův most

BÍLÁ HORA
22 25

VYPICH
22

Obora Hvězda

22 25
KRÁLOVKA
23
22 23

BŘEVNOV

MALÁ STRANA

Karlův most
12
15
20
22
23

STARÉ MĚSTO

Müstek

Národní divadlo

2 9 18
22 23

Národní třída

NEMOCNICE MOTOL

STRAHOV

PETŘÍN

Petřín Nebozízek Újezd
Lanová dráha
Újezd

9 22 23

most Legií

Švandovo divadlo
9
12
15
20

Lazarská
2 3 6
14 18
23 24

Karlovo náměstí

NOVÉ MĚSTO

SÍDLIŠTĚ ŘEPY
9 10 16

Motol
Hotel Golf

KOTLÁŘKA
15 16

Kavalírka
Bertramka

9 10 15 16

Jiráskův most
5
17

2 3

4 10 18

BUS 100

ZLIČÍN

Stodůlky
Luka
Lužiny
Hůrka

Nové Butovice

Jinonice

SMÍCHOV

Anděl Palackého most

Na Knížecí
Železniční most

7
21

RADLICKÁ
7 21

Radlická

Smíchovské nádraží

4 5 7 10 16 21

Palackého náměstí

Výtoň
7

Albertov

VYŠEHRAD

Podolská vodárna

Linky metra se stanicemi s bezbariérovým a bariérovým přístupem
Metro lines with and without barrier-free access stops

Přestupní stanice metra
Metro transfer station

3 Tramvajová linka s konečnou zastávkou
Tram line with terminus

Lanová dráha
Funicular

Infocentrum DP; parkoviště P+R
Public transport information; Park and Ride

Přestup na linky S a další vlakové spoje
Transfer to lines S and other railway lines

BUS 100 Bus MHD na Letiště Václava Havla Praha
Public transport buses to Václav Havel Airport Prague

SÍDLIŠTĚ BARRANDOV
4 5 12 20

Lihovar
4
5
12
20

2
3
17
21

Přístaviště

NÁDRAŽÍ BRANÍK
2 3

HLUBOČEPY

VELKÁ CHUCHLE

MODŘANY

Poliklinika Modřany

BRANÍ...

864

Kyrill und Method, zwei byzantinische Mönche, bringen die erste slawische Bibel nach Böhmen. An die beiden Apostel erinnert alljährlich der 5. Juli als Nationalfeiertag.

1306

Der Untergang. Mit dem **Mord an König Wenzel III.** stirbt die Přemysliden-Dynastie aus. Die böhmische Königskrone wird zum Spielball der königlichen Rivalen in Europa.

Um **Herzog Wenzel** in einer Schlacht beizustehen, sollen zwei Engel an seiner Stelle aufgetaucht sein.

Böhmen wird **Königreich**. Der deutsche Kaiser Heinrich IV. krönt Herzog Vratislav II. aus dem Bauerngeschlecht der Přemysliden zum ersten böhmischen König.

973

1085

1344–1357

Der Landesvater baut: Kaiser Karl IV.
legt nach dem **St.-Veits-Dom** auch
den Grundstein für die **Karlsbrücke**.
→ S. 100, S. 61

1620

Schwarzer 8. November.
Nach der Niederlage in der
Schlacht am Weißen Berg
gerät Böhmen für die
nächsten 300 Jahre unter
Fremdherrschaft.

Der **Erste Prager
Fenstersturz** entfesselt
die Hussitenkriege.

1419

Der **Zweite Prager
Fenstersturz** führt
zu Religions- und
Machtkonflikten in
ganz Europa.

1618

Applaus, Erfolg:
Mozart dirigiert
in Prag die Urauf-
führung von »Don
Giovanni«.

1787

1845

Schornsteine rauchen. Mit der Eröffnung der **Eisenbahnlinie** Wien–
Prag kündigt sich das Industriezeit-
alter an. Prag wird zum Motor der
Habsburger Monarchie.

1945

Prager Aufstand: Am 5. Mai brechen Barrikadenkämpfe gegen
die deutsche Besatzung aus.

Auf »Väterchen« **T. G.
Masaryk** geht der Staa-
tenbund der Tschechen
und Slowaken zurück.

Münchner Abkommen: Diese Vier-
mächteerklärung (England, Frankreich, Italien, Deutschland) löst die
Tschechoslowakei auf.

1918

1938

1948

Ende der Demokratie, die Kommunisten ergreifen die Macht. Klement Gottwald wird zum ersten »Arbeiterpräsidenten«. Die »Diktatur des Proletariats« wird sich 40 Jahre halten.

1993

Tschechen und Slowaken trennen sich nach 73 Jahren gemeinsamer Republik.

Prager Frühling: Die Sowjetpanzer rollen in Prag ein.

1968

Samtene Revolution: Der Sozialismus wird unblutig Geschichte. Der Dissident Václav Havel erhält weltweit Sympathien.

1989

1997

Der Handschlag: Kanzler Helmut Kohl und sein Amtskollege Václav Klaus unterzeichnen den **deutsch-tschechischen Aussöhnungsvertrag.**

2019

Frust und Demonstrationen: Gegen **Premierminister Andrej Babiš**, Milliardär und Großaktionär seines Konzerns, erhebt sich die größte Protestwelle seit 1989.

Jahrhundertflut in Prag. Mehrere Stadtteile samt der Insel Kampa stehen unter Wasser.

2002

Der **EU-Beitritt** sorgt für Aufschwung. Prag boomt auch als Hollywood des Ostens. Tom Cruise, Daniel Craig, Brad Pitt, Bruce Willis, Angelina Jolie kommen zu Dreharbeiten.

2004

BILDNACHWEIS

Titelbild (Altstadt, Astronomische Uhr): AWL Images: Michele Falzone
Adobe Stock: Givaga 9, Anibal Trejo 29, mikolajn 58/59, vrabelpeter1 68, Petr Bonek 84, Jaroslav Moravcik 89, Renáta Sedmáková 107, hydraviridis 111, Tuomas Lehtinen 154 | akg-images: Universal Images Group/Sovfoto 221 | bpk: A. Dagli Orti/DeA Picture Library 36 | dpa Picture-Alliance: Salek Petr 39, Vatka Jiri 45, Werner Dieterich 198/199, Fine Art Images 218, o. A. 220, Veronika Simkova 222 | Getty Images: Nikada 20, Matej Divizna 40, 145, De Agostini 219 | imago images: Arcaid Images 71, CTK Photo 126, 166 | laif: Peter Hirth 56/57, 93, 142, 163, Sergi Reboredo/VWPics/Redux 133, Didier Bizet/Le Figaro Magazine 161 | Leonardo Hotels Central Europe: 25 | mauritius images: CTK/Alamy 33, 46, Carmen Steiner/Westend61 74, Anton Aleksenko/Alamy 81, Alberto Zamorano/Alamy 97, Werner Dieterich/Westend61 117, Kevin Wheal/Alamy 152, Cum Okolo/Alamy 181 | Petr Klapper: 43 | privat: 5 | seasons.agency: Gregor Lengler/Jalag 6/7, 148, Natalie Kriwy/Jalag 101, 104, 125, Jan Brettschneider/Jalag 103 | shutterstock: JoannaTkaczuk 17, cyrrpit 19, Stanislav Samoylik 22, Jan Sekyra 30, Ariadna22822 34, Flik47 51, Andrey_Popov 63, Katvic 65, Georgy Kuryatov 66, frantic00 77, 146, Mitzo 87, Rafael Talkar 91, Martin Peterka 121, Vladimir Mucibabic 122, emka74 131, Luisa Puccini 136, Vladimir Sazonov 139, Pyty 151, ColorX 156, tichr 159, 184, elbe24 169, Oscity 172, josefkubes 177, Joymsk140 178, Mada_Cris 191, FrimuFilms 203, TomKatoo 205, Alexandra Giese 206/207, Andrea Izzotti 224 | Thomas Veszelits: 53, 78, 83, 94, 134, 195, Klappe hinten

Liebe Leserin, lieber Leser,

wir freuen uns, dass Sie sich für diesen MERIAN Reiseführer entschieden haben. Unsere Autorinnen und Autoren sind für Sie unterwegs und recherchieren sehr gründlich, damit Sie mit aktuellen und zuverlässigen Informationen auf Reisen gehen können. Dennoch lassen sich Fehler nie ganz ausschließen. Wir bitten um Verständnis dafür, dass der Verlag keine Haftung übernehmen kann.

Ihre Meinung ist uns wichtig. Bitte schreiben Sie uns:
GRÄFE UND UNZER VERLAG
Postfach 86 03 66, 81630 München, www.merian.de

PEFC
PEFC/18-31-506

Leserservice
merian@graefe-und-unzer.de
Tel. 0800 / 72 37 33 33 (gebührenfrei in D, A, CH), Mo–Do 9–17 Uhr, Fr 9–16 Uhr

Bei Interesse an maßgeschneiderten B2B-Editionen:
roswitha.riedel@graefe-und-unzer.de
Bei Interesse an Anzeigen:
KV Kommunalverlag GmbH & Co. KG
Tel. 089/9 28 09 60
info@kommunal-verlag.de

Verlagsleitung Reise: Grit Müller
Verlagsredaktion: Stella Schossow
Autor: Thomas Veszelits
Redaktion: bookwise GmbH
Bildredaktion: Tamara Hansinger
Schlussredaktion: Ulla Thomsen
Reihengestaltung: Independent Medien Design, Horst Moser, München
Karten: Huber Kartographie GmbH für Gräfe und Unzer Verlag GmbH
Satz: bookwise GmbH
Herstellung: Renate Hutt
Druck und Bindung: Printer Trento, Italien

GRÄFE UND UNZER

Ein Unternehmen der
GANSKE VERLAGSGRUPPE

PRAG EN DETAIL

Ob es auch Glück bringt? Die Legende besagt Folgendes:
Wer in Prag die Karlsbrücke überquert und an der **Statue
des hl. Nepomuk** die dort befindliche Hundefigur nicht
berührt, dem stößt Unbill zu. Auch nach dem Mittelalter
hatten die Leute noch Angst vor Brücken. Damit ja nichts
passiert, erklärte die Kirche Nepomuk zum Schutzpatron
der Brücken. Die Prager wissen das. Hunderttausende Touristen aus aller Welt aber betatschen das bronzene Relief
und hoffen, dass ihre Wünsche in Erfüllung gehen. Das ver-
meintliche Original von 1729 wurde 1965 ins Lapidarium
des Nationalmuseums zur Aufbewahrung gebracht. Es war
aber nur eine Kopie, denn das ursprüngliche Werk wurde
über die Jahrhunderte durch Fingerabdrücke plattgeschlif-
fen. Was der Hund bei Nepomuk verloren hat, weiß übrigens niemand so genau.